NEUSEELAND

Erste Seite:
Die Vielfalt der Farne Neuseelands ist beeindruckend: Hundert verschiedene Arten bringen rund doppelt so viele Erscheinungen der feinblättrigen Pflanzen hervor, darunter auch kräftige Baumfarne, die bis zu zwanzig Meter hoch werden! Für die Maori ist das sich spiralförmig aufrollende Farnblatt Symbol des Lebens.

Mount Cook & Mount Tasman (Südinsel), vom Lake Matheson aus fotografiert; die beiden Riesen ragen beeindruckende 3754 und 3498 Meter hoch aus den neuseeländischen Südalpen, die mit zahlreichen Gletschern und gewaltigen, schneebedeckten Gipfeln aufwarten.

MIT BILDERN
VON CHRISTIAN HEEB
UND TEXTEN
VON ROLAND F. KARL

INHALT NEUSEELAND

Seite 8/9:
Eine der landschaftlich reizvollsten Strecken auf der Südinsel führt über die Route 6 zwischen Wanaka und Makarora durch die weitläufigen Seengebiete von Lake Wanaka und Lake Hawea (Foto). Krönung dieser Traumstrecke ist der Aufstieg zum Haast Pass, der den Weg frei macht zum Mount Aspiring National Park und zur West Coast.

Seite 12/13:
Urig präsentiert sich das Cardrona Hotel (Pub, Restaurant & Bar) in den Bergen unweit von Wanaka; in der rauhen Umgebung liegen verstreut die Goldminen von einst, und bei zünftigem neuseeländischen Fassbier am Tresen lassen sich die alten Zeiten in historischer Umgebung bestens in die Gegenwart träumen.

Seite 14/15:
Cathedral Cove (bei Hahei, Nordinsel) gehört zweifelsfrei zu einem der schönsten von zahlreichen Stränden auf der Coromandel Halbinsel – wobei um die Ecke immer schon die nächste optische Versuchung wartet.

EXPRESSO
SHORT BLACK
LONG BLACK
CAPPUCCINO
MOCHACCINO
LATTE BOWL
ICED COFFEE
ICED CHOCOLATE
$3.50
SMOOTHIES
KAHLUA, BERRY OR PASSIONFRUIT
$6.50
KAHLUA HOT CHOCOLATE
$6.00
FRIES $3.00
SEASONED WEDGES
CHICKEN NUGGETS
SOUP OF THE DAY
B.L.T & WEDGES
WITH POTATO WEDGES
STEAK SANDWICH & WEDGES
BATTERED BLUE COD, FRIES
JACKET POTATO OF THE DAY & SALAD
SAMBUCA GALLIANO
PIMM'S
COINTREAU
Heineken

MENU
PLEASE ORDER AT BAR
VEGETARIAN FILO SLICE WITH SALAD
PASTA OF THE DAY WITH SALAD
LAMB SHISH KEBABS, WILD RICE & SALAD
CHICKEN SATAY, WILD RICE & SALAD
SMOKED SALMON SALAD & GOURMET POTATOES
RIBEYE STEAK, SALAD & GOURMET POTATOES
FRESH BLUE COD, SALAD & GOURMET POTATOES
CARDRONA'S ANTI PASTO PLATTER
DESSERTS
LEMON CREAM SLICE
APPLE & RHUBARB PIE
CHOCOLATE & STRAWBERRY MOUSSE
HOT CREPES
ICE CREAM SUNDIES
ALL WITH ICE CREAM & FRESH CREAM

AOTEAROA – ODER: I HAVE A DREAM

Aotearoa – das Land der weißen Wolke. Schon der Name klingt wie ein Traum. Millionen sind hierzulande in Flugzeuge gestiegen, mit diesen weißen Aotearoa-Wolken im Kopf. Obwohl die „Destination Auckland“ von Europa weit weg liegt. Ziemlich weit. 20 000 Kilometer genau. Und das macht den Neuankömmlingen den ersten Tag gleich zur Nacht: Zwölf Stunden Zeitunterschied gehen ohne Jetlag nicht ab. Neuseeland liegt am Ende der Welt. Weiter geht es nicht.

Einen Tag und eine Nacht verbringen Weltreisende also in so einer Maschine, um von hier ins Land der Kiwis zu kommen. An tropische Traumbuchten, auf verschneite Hochebenen, an

Von über 70 Millionen Schafen hat sich der Tierbestand während der letzten zehn Jahre auf die Hälfte reduziert. Zur Freude der neuseeländischen Umweltschützer, die sich weniger mit solch romantischen Bildern beschäftigen (Foto: Schaffarm in der Nähe von Hastings, Nordinsel), als mit den gravierenden Folgeschäden der flächendeckenden Schafzucht durch Abholzung und Erosion.

wild zerklüftete Küsten, in thermalsprudelnde Becken, gespeist von mineralhaltigen Wassern siedend heißer Geysire. Möglicherweise ließe sich irgendwo einem Wal an die Schwanzflosse fassen, oder diese wenigstens fotografieren, bevor der Koloss majestätisch und wie in Zeitlupe zurück in die Tiefe abrauscht. Ist da vielleicht jemand, der gerne die dampfende Krypta eines brodelnden Vulkans erforschen möchte? Der Urwald Neuseelands mutet an wie ein südostasiatischer Dschungel und im Fjordland wähnt sich der Beschauer in Norwegen. Nur dass hier Palmen im Bild stehen, vor grünblauen Gletschern. Die „rolling hills" der Schaffarmen erinnern an Irland, die Landschaften um die fontänenspeienden Geysire an Island. Dass es sich hier in den „Alpen" Skifahren lässt, spricht für sich. Und was für eine verkehrte Welt, von uns aus gesehen: Zu Ostern findet die Weinernte statt, im Juli gehen Schneestürme über das Land, im Herbst blühen die Kirschen und das erste Obst reift rechtzeitig zu Weihnachten! Genau dann, wenn der neuseeländische Weihnachtsmann schwitzend mit Bart und im roten Dress seine Geschenke verteilt.

NATURSPEKTAKEL

Auf kleinstem Raum produzieren die unterschiedlichsten geografischen, geologischen und botanischen Erscheinungsformen ein Naturspektakel,

Die Gesichtstätowierung, das moko, drückte früher den sozialen Rang der Maori-Männer aus; manche trugen zusätzlich noch Kunstwerke auf Oberschenkeln und am Gesäß. Dafür wurde mit Meißeln aus Vogelknochen und rußähnlichen Substanzen gearbeitet. Auch die Maori-Frauen waren damit geschmückt, meist an Lippen und Kinn.

das seine Zeugen am Ende frappiert entlässt. Die Flora reicht von tropisch über alpin bis subantarktisch, über hundert Arten Farne wuchern hier, darunter Riesen, die bis zu zwanzig Meter aufschießen. Die Fauna präsentiert sich, aufs Feinste sortiert, zwischen Pinguin, Opossum und Papagei, wobei riesige Buckelwale oder Orcas, Delfine und Robben ebenso im Programm sind, wie der komische Kiwi-Vogel, der nur nachts Würmer pickt und niemals fliegt. Auf der Südinsel wartet Mount Cooks Gipfel mit stattlichen 3754 Metern auf Kameralinsen, die sich aus allen Erdteilen an ihn heranklicken. Die Zentralalpen und das Seengebiet drumherum gelten als Mekka für Bergsteiger und Wanderer. Jenseits der Grenze des ewigen Eises, auf über 2200 Metern, funkeln frostig an die hundert Gletscher Fußfaulen entgegen, die in beheizten Helikoptern sitzen und auf bequemste Weise den gewaltigen Anblick bestaunen. Weiter südlich, im Milford Sound, warten Legionen Moskitos auf nichtsahnende Reisende. Aber wer ließe sich schon von diesen Blutsaugern abhalten, eines der grandiosesten Panoramen zu erleben?

Um Rotorua steigen Rauchfahnen schlohweiß wie aus dem Kochtopf in den azurblauen Himmel. Dort, zwischen Bay of Plenty und Lake Taupo, brodelt die Erde. Magma quillt aus allen möglichen Öffnungen einer unruhigen Kruste. Weiter oben im Norden liegt Coromandel, Neuseelands mediterraner Segen. Die Küsten und Buchten präsentieren sich als Strandparadies mit ewigem Frühling. Auf dem Weg weiter hinauf, zum äußersten Nordkap, heißt ein Strand Ninety Mile Beach. Das klingt nicht nur exotisch, es ist untertrieben: Ninety Mile habe in Wirklichkeit hundert, heißt es. Andere behaupten, man hätte nur in Kilometern gemessen, nicht in Meilen. Auf jeden Fall aber müssen die Neuseeländer nicht protzen.

Selbst Niederlagen lassen sich in „God's own country" viel leichter als sonstwo verkraften. Die News, dass die Neuseeländer Pechvögel seien und das Segeln nicht wirklich beherrschten (obwohl ihre Inseln wie zwei Schiffe auf dem mächtigen Ozean dümpeln), hat sich seit dem unrühmlichen Ende ihrer Renn-Jacht auf unseren TV-Schirmen verbreitet. Die Zuschauer des America's Cup sahen ein neuseeländisches Boot mit gebrochenem Mast und die begehrteste Segel-Trophäe des Universums ging, ausgerechnet, an ein Land-Land, nämlich die Schweiz. Aber: Der Mannschaft mit den traurigen Herzen blieb ihr Neuseeland, die anderen mussten wieder abreisen. Traurigen Herzens. Sowieso trüben überzeugten Kiwi-Fans schlechte Neuseeland-Nachrichten, die es natürlich ebenso gibt (zum Beispiel ein sich vergrößerndes Ozonloch über der Antarktis), ihre Sinne nicht. Einfach, weil Nordinsel plus Südinsel eine ziemlich simple arithmetische Formel darstellt, und heraus kommt immer das gleiche, „das Paradies" – das leider ziemlich weit weg ist.

DIE RETTENDEN INSELN

Nicht wenige aber lassen sich reizen, gerade weil es so weit weg ist. Die Bedingung der geografischen Randlage hat Tradition. Auswanderungswellen und heftig ausschlagende Sehnsuchtspegel unter dem Motto „nichts wie weg, aber so weit wie möglich", wurden und werden vom Wunsch nach einem halbwegs sicheren Versteck produziert. Beispielsweise während der Kuba-Krise, als John F. Kennedy und Nikita Chruschtschow sich mit nuklearen Drohgebärden fast zu nahe kamen. Oder, als sich hierzulande viele lieber heute als morgen von den möglichen „battle grounds" der Machtblöcke USA/UdSSR in der Mitte Europas entfernt hätten.

Es gab auch nichtmilitärische Szenarien, die Nachschub nach Neuseeland brachten: als in Europa Atomkraftwerke wie Pilze aus dem Boden schossen und Pilzgenuss nach Tschernobyl nur mit griffbereitem Geigerzähler zu empfehlen war. Die weltweite Angst vor nuklearer Bedrohung formulierte Neuseeland durch seine sensationelle Erklärung in den achtziger Jahren, es lasse keine atomwaffenbestückten Kriegsschiffe oder Schiffe mit Nuklearantrieb in seine Häfen. Ernüchterung machte sich breit, als bekannt wurde, dass Frankreich auf seinen Pazifikatollen Atomtests durchführte und das Greenpeace-Schiff „Rainbow Warrior", Symbol des internationalen Protests, vom französischen Geheimdienst im Hafen von Auckland versenkt wurde. Nichts war wirklich weit genug weg.

Für jene, die trotzdem davon träumen, eines Tages an Neuseelands Pforten zu klopfen, könnte es heißen, das Kiwi-Boot sei voll. Wobei die 3,8 Millionen Neuseeländer gerade einmal die Einwohnerzahl Berlins ausmachen. Am besten ließe sich Platzmangel auf den neuseeländischen Rettungsinseln mit 35 Millionen Schafen erklären, die im Kiwi-Paradies atomwaffenfrei und angriffssicher fressen, bis der Schlachthof näher rückt.

AM SCHÖNSTEN ENDE DER WELT

Moderne Immigranten dürfen nur auf Zeit ins Land. Auf der Basis Genießen, Zahlen und Heimreisen kommen pro Jahr rund 1,5 Millionen aus aller Welt. So mancher reist zivilisationsmüde an: Wer daheim zu den durchschnittlichen 250-Einwohner-pro-Quadratkilometer zählt, kann sich hier vollsaugen mit Bildern aus einer anderen Zeit. Auf fast 270 000 neuseeländischen Quadratkilometern verstreut sich eine so sagenhafte Bevölkerungsdichte von Vierzehn-Komma-Eins, etwa auf einer Fläche der alten Bundesrepublik! Ohne Schafe wäre Neuseeland praktisch leer.

Unten links:
Queenstown gilt als das Mekka der Extrem-Sportarten: Bungee Jumping, Paragliding, White Water Rafting, selbst Sprünge aus dem Helikopter am Gummiseil, alles ist drin. Aber auch Wanderer und Reiter kommen auf ihre Kosten. Im Bild: die Shotover Ställe.

Oben:
Hier in Queenstown, Südinsel, kann man seinen Kaffee zum Beispiel inmitten bunter Maori-Kunst-Dekoration genießen.

Links:
Postkarten wirft man besonders stilecht im nahen Goldgräberstädtchen Cardrona am Provincial Highway ein: im historischen Post & Telegraph Office.

Dennoch werden sich beim Anflug auf Auckland viele Pupillen vor Schreck verengen: Neuseelands Metropolen haben aufgeholt. Beton- und Spiegelglasfassaden wachsen himmelwärts, Rücklichterschlangen verkünden als rote Endlosbänder, dass gerade Rush-hour ist, glitzernde Lichtergirlanden umflimmern die Skyline der City. Wellington, die Hauptstadt der Träume, selbst Christchurch, das einst verschlafene Provinzstädtchen der Südinsel, präsentiert sich kaum anders. Im modernisierenden Land der komischen Vögel werden Morriskleinwagen mit hölzernem Kastenaufbau und Uralt-Vehikel der Marke Austin im Straßenbild zu seltenen Oldtimern.

Unten:
In versteckten Flüsschen wie dem Wilsons Creek am Haast Pass rauschen glasklare Gebirgswasser durch verwunschene Canyons zu Tal.

Aber keine Panik: Jenseits der städtischen Konglomerate, die ihre Reize auf urbane Weise an die Kundschaft bringen, warten Neuseelands Pfründe, schön wie eh und je. Neuseeland, das ist nicht nur ein Traum, das sind „Inseln aus Feuer und Eis". „Das schönste Ende der Welt" – was nicht nur Neuseeländer behaupten, oder „God's only country", auch „Godzone" genannt. Vielleicht paaren sich deshalb die Buckelwale so gern bei Kaikoura. Vielleicht wächst deshalb einer der weltbesten Rieslinge ausgerechnet hier, kurz vor dem Südpol. Vielleicht küssen sich die Ureinwohner aus dem Grund so komisch per Nase, weil die Luft, die sie atmen, arktisch klar ist und die Nase der heilige Ort, durch den Gott uns das Leben einhaucht, wie sie glauben. Vielleicht. Jedenfalls kursieren zahllose Bezeichnungen für „Aotearoa, das Land der weißen Wolke", das die Maoris wegen der weißen Rauchfahnen so nennen, die von unzähligen Kratern, Erdspalten und heißen Quellen in den Himmel aufsteigen. Was schon James Cook bewunderte, als er 1769 die unbekannten Inseln umfuhr.

HILFE, DIE ENTDECKER KOMMEN!

Übrigens lief Cook dem eigentlichen Entdecker Neuseelands, Abel Tasman, auf schicksalhafte Weise den Rang ab: Als braunhäutige Wilde vier Männer aus Tasmans Expeditionscorps beim Landgang erschlugen, suchte Abel, bevor er selbst neuseeländischen Boden betreten hatte, lieber das Weite. Und überließ so James die Ehre, der „richtige" Entdecker Neuseelands zu sein.

Rechts:
Naturliebhaber kommen in Neuseeland überall auf ihre Kosten: Die Martyr Saddle Road bei Arawata an der Westküste durchschneidet dichte Urwälder.

Besucher sehen in Neuseeland auch heute vielfach, was Georg Forster, Cooks deutscher Chronist, damals schon glühend beschrieb. Spannend wie ein Abenteuerroman nachzulesen in „Johann Reinhold Forster's Reise um die Welt während den Jahren 1772 bis 1775 in dem von seiner isstregierenden Majestät auf Entdeckungen ausgeschickte und durch Capitain Cook geführten Schiffe the Resolution unternommen Geschrieben und herausgegeben von dessen Sohn und Reisegefährten Georg Forster, Berlin, Haude & Spener, 1778 –1780". Vor allem ein Landschaftsbild zum Malen: Rotorua, wo die Erde kocht. Coromandel, Neuseelands winterloser Norden. Hier Palmenstrände, dort Gletscher und Schnee und ewiges Eis. Gleich nebenan die wild zerklüfteten Buchten der Tasmanischen See.

Das Land der Kiwis und Maori, der Farne und Geysire erschöpft sich jedoch nicht in bloßer Naturbetrachtung. Mit dem Hubschrauber auf den 3754 Meter hohen Mount Cook zur Schneeballschlacht? Zum Heli-Skiing? Horse-Trekking oder Whale-Watching? Mit dem Planwagen, wie einst die Pioniere, durch wildes Terrain? Ein Bed & Breakfast-Programm oder lieber den kostenlosen Farmurlaub – bei vier Stunden Arbeitseinsatz täglich? Ohne Ende bieten sich für Extremsportler Wildwasser, Bungeefelsen und Gletscherspalten an. Neuseelands Reisesektor steht heute als Wirtschaftsfaktor an erster Stelle. Während Cook, Forster & Co. noch bevorzugten, an Deck ihrer ankernden Segelschoner zu übernachten, können die Entdecker der Neuzeit aus einem vielfältigen Angebot wählen. Wen wollte es da wundern, dass Neuseeland schon manchen Erstbesucher süchtig machte und zum Bleiben inspirierte, und zwar nicht nur für immer, sondern am liebsten gleich für ewig? Doch die Zeiten unbegrenzter Möglichkeiten sind in dieser Hinsicht längst passé, Einwanderer-Karrieren wie die von Edel Everling gehören heutzutage eher ins Reich der Träume.

NEUSEELÄNDISCHER WEIN UND DEUTSCHE WINZER

Für die Winzerstochter aus Rüdesheim begann Neuseeland klassisch: mit Liebe auf den ersten Blick. So begeistert kam sie an den Rhein zurück, dass sie sich in Geisenheim zur Ingenieurin für Weinbau und Kellerwirtschaft ausbilden ließ, und dabei schon auf die Rebkultur im Land der Kiwis schielte. Den Maschinenpark und kostbare Eichenfässer vom elterlichen Weingut im Rheingau hat sie damals in Container packen und nach Koromiko verschiffen lassen, heute baut sie auf ihrem „Johannishof" in Marlborough (Südinsel) erfolgreich Riesling, Chardonnay und Spätburgunder an.

Bevor es aber richtig los ging, mussten ihr Bergleute einer nahen Kohlenzeche 300 Kubikmeter Stollen in den Sandsteinfelsen sprengen. „Das war ein Ding", erzählt Edel über ihre Anfangszeit, „hunderte von Tonnen Abraum mussten heraus, und Meter um Meter der Stollen in den Berg hinein!" Dafür reift ihr Wein nun konstant bei 12 Grad und in der richtigen Feuchtigkeit, wie einst daheim am Rhein. Das 50 Meter lange Weingewölbe ist einzigartig in Neuseeland und besonders für Neuseeländer eine Attraktion.

Pioniergeist versprüht die erfolgsverwöhnte Rheingauerin noch immer reichlich. Nicht umsonst wurde sie schon zur neuseeländischen „Unter-

Oben:
Eine Ansicht ist schöner als die andere: der romantische Ausblick auf Mahurangi Island bei Hahei, Coromandel.

Links:
Norwegen in Neuseeland: Kolossal erscheinen die Fjorde des Naturschauspiels Milford Sound.

Der Traum für alle Outdoor-Begeisterten: „on horseback" an wilden Küsten entlang durch gischtspritzendes Wasser galoppieren.

nehmerin des Jahres" gekürt und heimste mit ihren Tropfen beachtliche Preise ein: Ihr 2000er Pinot Gris wurde zum besten Neuseelands! Allerdings, sagt Edel, müsste „hier das Weintrinken erst noch richtig gelernt werden!" Und das, obwohl es schon seit 1820 Rebstöcke in Neuseeland gibt, von Missionaren aus Europa mitgebracht. Aber, so Edel, die vornehmlich biertrinkenden Kiwis müssten eben noch richtig auf den Geschmack gebracht werden. Trotzdem kann sich die neuseeländische Weinproduktion sehen lassen: An die 300 Weingüter bewirtschaften inzwischen eine Rebstockfläche von 7000 Hektar – immerhin doppelt soviel wie im Rheingau.

Die Ärmel hochgekrempelt haben auch drei Brüder einer Steinmetzfamilie aus Neustadt an der Weinstraße. Da die Einwanderungsbehörden eine Lizenz für ihr Handwerk nicht bewilligten, wurden sie eben Winzer. Allerdings hat der Giesen-Familienbetrieb ein größeres Kaliber. Während Alex und Theo sich ums Marketing kümmern, steuert Marcel, der sich an der Weinbauschule in Weinsberg bei Heilbronn zum Kellermeister qualifizierte, den fachlichen Sachverstand bei. Das Resultat kann sich sehen lassen: Eine Million Flaschen, vornehmlich Riesling, Chardonnay, Pinot Noir und Sauvignon Blanc werden auf Giesen produziert. Ihre Wilmes-Presse stammt aus Bensheim an der Bergstraße, die Original Seitz-Abfüllanlage (1900 Flaschen pro Stunde) aus Bad Kreuznach. Bedauerlich wären, so sagt er, die wahnsinnigen Erdbebenvorschriften. „Einen großflächigen Weinkeller bauen? Das kann man vergessen!" Gelagert wird deshalb in vollklimatisierten Containern. Draußen vor dem Weingut reihen sich 100 000 Rebstöcke bis zum Horizont, konstant berieselt durch eine Niedrigdruck-Tröpfchenbewässerungsanlage. Früher, sagen die Giesens, seien die Rebflächen Schafweiden gewesen. Gibt es Heimweh nach Zuhause? „Dort haben wir jenseits der Weinberge", antwortet Alex, „aufs Atomkraftwerk geguckt. Das war für uns wie eine tickende Zeitbombe!" In Anbetracht seines unterirdischen Potentials schwimmt Neuseeland allerdings gleich auf mehreren Zeitbomben, deren Zünder in den gewaltigen Magma-Kraftwerken unter dem Meer ticken. Wenngleich von anderer Art, aber auf jeden Fall unberechenbar.

BRODELNDE VULKANE – WHITE ISLAND

Schon beim Anflug auf den aus der tosenden See ragenden Krater bietet sich ein Blick des Grauens: Tief unten wabbelt und blubbert kochender Mineralschlamm. In gewaltigen Fontänen spritzt 500 Grad heißer Auswurf rhythmisch himmelwärts. Es grummelt bedrohlich. Weiße Dampffahnen ziehen aus dem Azurblau des südlichen Pazifiks. „Wartet ab“, sagt John, der Pilot, über die Bordsprechanlage, „bis wir da unten aufsetzen!“ Gleichmäßig schlagen die Rotoren des Helikopters. An Landung hatte nach dieser ersten optischen Offenbarung niemand mehr wirklich gedacht.

„Das, was sichtbar ist“, nennen die Maori den gefährlich aktiven Whakaari-Vulkan, den James Cook 1769 als erster gesichtet und „White Island“ getauft hatte. Fünf Krater sind auf dieser Teufelsinsel wechselseitig tätig. Wobei von einer „Insel“ kaum die Rede sein kann, eher vom oberen Ende eines Überdruckventils, das 500 Meter unter dem Meeresspiegel eine kraftstrotzende Magma-Kammer reguliert. Vorsichtig setzt der Kawasaki Hubschrauber auf. Mit Schutzhelmen und Gasmasken versehen tippelt die neunköpfige Sightseeing-Schar hinter dem ortskundigen Piloten. An schwefelstinkenden Rinnsalen entlang, auf bedenklich porösem Untergrund, an spritzenden Schlammlöchern vorbei. „Walking on the moon“ – genau so ließe sich die Topografie dieser Vulkanlandschaft, die bizarrer nicht sein könnte, am besten beschreiben. „Bleibt nur dicht hinter mir“, warnt der Pilot, „und tretet ja nicht daneben!“ Was dann? „Bestimmt“, frotzelt einer aus dem Grüppchen, „kriegst du keine kalten Füße!“

Schon eine handbreit unter der Oberfläche kocht die Erde. Am Rand des Hauptkraters dann ein Blick in die Krypta: Explosionsartig werden aus dem schwarzen Loch heiße Schlammbomben verschossen, die bis zu dreißig Meter hoch fliegen. Doch das Abenteuer dauert für die Gruppe nicht lange. Die Eruptionen sind jetzt schon doppelt so stark wie am Morgen, als John, der Pilot, mit

Unten links:
Die Höhe der Besucherzahlen Rotoruas haben in der Metropole der Maori nicht nur die bekannten Fast-Food-Ketten hervorgebracht, sondern auch eine Reihe ausgezeichneter Gourmettempel. Von der Namengebung des „Fat Dog“ sollten Besucher sich nicht gleich abschrecken lassen.

Oben :
Auf einer rasanten Wildwasserfahrt im Speedboot, wie hier auf dem Shotover River bei Queenstown, mag man sich wie James Bond fühlen.

Links:
Neuseelands mobile Eigenheime sind so vielfältig, wie die Landschaft, durch die sie fahren. Diese idyllische Goldgräberhütte auf zwei Achsen wurde in Takaka Hill auf der Südinsel gesichtet.

Vulkaneologen zur Begutachtung vor Ort war. Und die fanden die Aktivitäten bereits bedenklich. Kräftige Windböen fegen nun über White Island. Der Helikopter sollte jetzt schnellstens starten. Und, wenn der Hubschrauber nicht fortkäme von hier? Eine Nacht auf diesem Magma-Auspuff, nicht auszudenken wäre das! Heftige Brandung donnert gegen zerklüftete Flüssiglava von einst, als der Chopper wackelnd im Sturm abhebt und zügig auf die offene, sichere See fliegt. Eine weitere einzigartige Attraktion Neuseelands findet sich, wie White Island, in den Strudeln der See – nicht so explosiv, aber dennoch Fontänen himmelwärts blasend: die Wale!

Unten:
Architektonischen Ausdrucksformen sind in Neuseeland kaum Grenzen gesetzt: ein Art Déco Beispiel aus Napier, Nordinsel.

DIE WALE VON KAIKOURA

1840 wurde im Vertrag von Waitangi zwischen Maori-Häuptlingen und Vertretern der Britischen Krone ausschließlich den Ureinwohnern die Kompetenz in Sachen Wale zugesprochen. Aber nicht nur deshalb gilt Walbeobachtung in Kaikoura als eine Maori-Domäne. Anfangs belächelt, ist „Whale-Watch“ als reine Maori-Unternehmung zu einer handfesten Wirtschaftsgröße gewachsen und dient als gelungenes Integrationsbeispiel der Ureinwohner, sich sehr wohl in einer marktorientierten Welt der Moderne behaupten zu können. Über 100 000 Menschen reisen aus aller Welt nach Kaikoura, um Pottwale, Orcas und Buckelwale zu sehen, die hier beim Zusammentreffen arktisch-kalter und pazifisch-warmer Strömungen im 1000 Meter tiefen Kaikoura-Canyon reichlich Plankton als Nahrung finden.

Oben:
Bunte Bank: Die historische Bank of New Zealand in Dannevirk, Nordinsel, ist mit Art Déco-Elementen gestaltet.

Rechts oben:
Häuser bedeuten auch Zuflucht, besonders wenn sich der neuseeländische Himmel so verdüstert wie hier in Kawatiri Junction, Südinsel.

Das Walgeschäft der Maoris boomt. Während das Örtchen Kaikoura noch im Schlaf liegt, drängeln sich auf dem Parkplatz die Fahrzeuge: Gegen 5:30 Uhr laufen die ersten Walbeobachtungs-Boote aus. Es geht vorbei an Felseninseln, auf denen Robben frühe Sonnenstrahlen genießen. Albatrosse ziehen ihre Runden, Delfine schwimmen eine Weile lang mit. Zielstrebig hält der Boots-Skipper auf eine bestimmte Position zu. Die Schiffsbrücke ist vollgestopft mit modernster Technik. Mit dem Global Positioning Satelite System lassen sich die letzten Standorte der Wale vor dem Abtauchen speichern. Die Klicklaute abgetauchter Wale erfasst das Hydrophone, ein Unterwassermikrofon. Auf diese Weise lässt sich

die Auftauchstelle der Tiere nach ihren dreißigminütigen Tauchgängen leicht ermitteln. Die Berechnungen werden dann per Funk an andere Whale-Watch-Boote weitergemeldet. Aufgrund der eingesetzten Hightech ist die Walbeobachtung ein ziemlich sicheres Unterfangen: Wer keinen Wal sieht, so versprechen die Whale-Watcher ihren Kunden gelassen, erhält sein Geld garantiert zurück!

Die erste Blasfontäne gerät jetzt ins Blickfeld: Einer der zahlreichen Pottwale, die hier in der Bucht von Kaikoura beheimatet sind, taucht auf. Kameras klicken, aufgeregt drängeln sich Videofilmer und Fotografen an der Reling. Zu sehen gibt es fast nichts; ruhig liegt eines der Tiere im Wasser und ist im Grüngrau der See kaum

auszumachen. Bis die mächtige Schwanzflosse („Achtung, er taucht in ungefähr zehn Sekunden!" warnt der Kapitän übers Bordmikrofon) majestätisch in die Höhe schwingt und der tonnenschwere Koloss wie in Zeitlupe in die Tiefe abrauscht: Das ist ein Bild! Schön der Gedanke, dass die einstige Walfang-Bastion Kaikoura nun für die selten gewordenen Tiere so harmlos geworden ist, und dass der Wert der Wale heute nur noch im Betrachten dieser großartigen Meeressäuger liegt.

DEN KIWIS AUFS DACH STEIGEN

Die Liste neuseeländischer Attraktionen ist lang: Wer von den zahlenden Gästen schon mal vor Ort ist, in Aotearoa, dem fernen Land der weißen Wolke, findet sich schnell der Qual der Wahl ausgeliefert. Auf jeden Fall aber sollte man den Kiwis vor der Heimreise aufs Dach steigen. Zwar sind die Eisberge der Fox und Franz Josef Gletscher bequem durch einen Spaziergang zu erreichen, weil sich die Gletscher jeden Tag ein Stück talwärts bewegen: Ein Flugzeug, das Anfang der vierziger Jahre oben abgestürzt war, kam schon sechs Jahre später auf der Talsohle an! Franz Josef, der schnellere von beiden, schafft sechs Meter pro Woche und reicht heute fast schon bis zum Parkplatz der Busse und Wagen. Das wahre Ausmaß des gewaltigen Gletscherschauspiels erschließt sich erst aus der Luft. Immer höher schraubt sich der Helikopter durch tiefe Felsschluchten nach oben, über Bergkämme hinweg, in den ewigen Schnee. Beim Blick abwärts sind die Menschen, die sich zu Fuß der blauschimmernden Franz Josef Eiszunge nähern, als dunkle Ameisenpunkte auszumachen. Oben, im Hubschrauber, präsentieren sich berauschende Ausblicke. Einem packeisbesetzten Fluss gleich fressen sich blaugrau die kolossalen Eisberge durch die neuseeländischen Hochalpen. Bei der Landung auf einem Schneefeld tauchen die Helikopter ein in den ewigen Schnee, der wie Puderzucker herumwirbelt, bis die Rotoren stehen. Draußen entrückende Stille. Drei weitere Chopper parken bereits im glitzernden Weiß. Wie Kinder liefern sich Erwachsene begeistert ausgelassene Schneeballschlachten, mitten im neuseeländischen Sommer. Dann erscheint, nur für Sekunden, beim Rückflug das Antlitz des Königs: Wolkenfrei thront er für einen Moment in einer azurblauen Lücke des verhangenen Himmels – 3754 Meter hoch reckt sich das gewaltige Felsmassiv des Mount Cook. Als ob er es wüsste: Er ist hier unschlagbar, und nicht nur der Größte.

Wohnen auf dem Land: idyllisches Siedlungshäuschen mit blühendem Garten in Arrowtown, einer alten Goldgräberstadt auf der Südinsel.

Seite 26/27:
Die wilde Natur der Südinsel wird von zahllosen Gletschern und Schneefeldern, reißenden Flüssen, der Tasmanischen See sowie bildschönen Buchten und Binnenseen geprägt. Das kühle Nass gibt es im Überfluss: Tosend donnern vielerorts die Wassermassen auf dem Weg ins Meer über Felsklippen und durch Schluchten abwärts, so wie hier die Waterfalls in the Catlins.

„NORTHLAND" – DIE SOMMERLICHE NORDINSEL

Die meisten Neuseeländer leben auf der Nordinsel, die Hälfte davon in nur einer Stadt, in Auckland, der ehemaligen und heimlichen Hauptstadt. Auf anderthalb Millionen Einwohner ist die Kiwi-Metropole, die 1865 den Regierungssitz an Wellington abtreten musste, inzwischen angewachsen. Flugzeuge und Schiffe aus allen Erdwinkeln kommen hier an, das Einfallstor Neuseelands wartet mit umschlagkräftigen Häfen auf und der Auckland International Airport ist das Luftverkehrskreuz des Südpazifiks. Aus der einst tristen Hafenstadt ist längst eine pulsierende, moderne Großstadt mit kosmopolitischem Flair geworden. Queenstreet, Broadway und Lorne Street heißen die Flanierstraßen der City, auf denen sich

Seite 28/29:
An der Westküste der Südinsel erheben sich über dem langgestreckten, blau leuchtendem Lake Pukaki die schneebedeckten Gipfel der Southern Alps.

Abseits der Hauptrouten steht inmitten traumhafter Landschaft der 2518 Meter hohe Vulkankegel Mount Taranaki, besser bekannt als Mount Egmont, wie Cook die gewaltige Erhebung einst nannte. Wenn seine schneeweiße Kuppe wolkenfrei ist, macht sie ihn spielend zum Doppelgänger des Fudschijama.

die multikulturelle Stadtbevölkerung von heute drängt. Ein linguales Gewirr von 32 verschiedenen Sprachen findet sich hier, wobei die größte Einwanderungsgruppe der Engländer, Schotten und Iren den Ton bestimmt: Neuseelands Amtssprache ist Englisch. Mehr Polynesier als sonst irgendwo auf der Welt leben in Auckland. Fast eine halbe Million davon sind maorischer Abstammung und Hunderttausende strömten aus Anrainerstaaten wie Tonga, Samoa und Fidschi hierhin. Das verschafft Auckland seine einzigartige Vielfalt. Eine unüberschaubare Zahl von Museen, Theatern und Galerien beherbergt die City of Sails, wie sie sich selbst gerne nennt (es gibt rund 100 000 Liegeplätze in zahlreichen Marinas ringsum). Wer abtauchen will, kann dies in Kelly Tarlton's Underwater World tun, einem der größten Meerwasser-Aquarien der Welt. Oder im schillernden Nightlife. Auch da hat die quirlige Wirtschafts- und Handelsmetropole einiges zu bieten. Käme dort nächtens der Überblick abhanden, ließe sich das am nächsten Tag auf Aucklands Sky Tower beheben: Der Himmelsturm ist 328 Meter hoch!

LANDSCHAFTEN WIE AUS DEM DREHBUCH

Die City ist aber längst nicht alles, denn der Großraum Auckland bietet noch reichlich attraktive Ausflugsziele an: Rund um den Hauraki Gulf

Wer ist der schönste im ganzen Land? Schwierige Frage bei tausenden Kilometern an Küstenlinie mit unzähligen Stränden. Der Orewa Beach, Nordinsel, ist zumindest einer der Schönsten.

finden sich ebenso schöne Inseln, Buchten und Strände wie an der Westküste, wo auf dem Karekare Beach der Film „Das Piano" gedreht wurde. Die meisten Besucher verschwinden nach ihrer urbanen Kostprobe allerdings anderswohin: Sie machen sich schnell auf den Weg ins benachbarte Northland. Vielleicht, weil sie sich auf den Spuren eines anderen Filmepos wähnen: Die mystischen Landschaften von „Mittelerde" („Der Herr der Ringe") breiten sich dort aus. Und Cooks Ankerplatz wartet mit sage und schreibe einhundertfünfzig Inseln an der Bay of Islands auf. Noch weiter nördlich ragt Cape Reinga weit in die Südsee hinein und präsentiert in der Nachbarschaft nicht nur endlose (Ninety Mile Beach), sondern wirkliche Traumstrände.

PARADIESE AM WEGESRAND

Bevor es aus dem ewig sommerlichen Norden zur zweiten Seite der recht ungleichen Kiwi-Medaille geht, zur Südinsel, stehen noch zwei Pflichtprogramme an: Das erste dreht sich um Neuseelands dampfende Schlote, die Vulkan- und Geysirlandschaften um Rotorua, das zweite um das hauptstädtische Wellington. Auf der Fahrt von der Nordspitze Richtung Süden liegen noch so manche Paradiese am Wegesrand. Zum Beispiel die Coromandel-Halbinsel, die schon durch den Klang ihres Namens Exotisches verheißt und eines der landschaftlich lieblichsten Gebiete in der Nähe von Auckland ist. In der gleichnamigen Ortschaft zeigen prachtvolle viktorianische Fassaden den Reichtum Coromandels aus vergangenen Zeiten: Hier wurden die ersten Goldnuggets der Nordinsel entdeckt und machten das einstige Provinznest reich, bis der Goldrausch verebbte. Auf der Coromandel-Halbinsel wartet ein Strand-Traum nach dem anderen an stahlblauen Buchten, von stattlichen Bergketten umrahmt.

Die City Rotorua hat sich von einem einst beschaulichen Thermalstädtchen zu einer zweckdienlichen Übernachtungsstation gewandelt und

zählt über eine Million Besucher pro Jahr; hier liegt das älteste Thermalgebiet Neuseelands. Bereits die Ureinwohner nutzten das heiße Wasser zum Kochen, Baden und Heizen. Um 1900 entstand im Tudorstil das historische Bäderhaus, heute ein Museum, das hauptsächlich Maori-Kunst ausstellt. In den Freiluftbecken der Polynesian Pools finden Badende eine Wohltat: im Old Priest Bath bei Arthritis, Rheuma und Nervenleiden, in der Rachel Spring bei Hauterkrankungen und in den Radium Springs bei Bewegungsstörungen und Rheuma. Rotorua gilt als Metropole der Maori und ist die „Hauptstadt der weißen Wolken".

Wellington, „the Windy City", präsentiert sich tatsächlich sehr zugig. Selten, dass keine Windböen durch die Straßenschluchten der Hauptstadt fegen, zwischen den Betontürmen hindurch. Warum sonst sollte sich der städtische Radiosender „The Breeze" nennen? Den schönsten Ausblick über die Stadt verschafft Wellingtons Cable Car (Baujahr 1902), die vom Lambton Quay 122 Meter bergauf rattert, was schon ein Erlebnis an sich ist. Von der Bergstation lässt es sich romantisch verklärt über die City und Port Nicholsen schauen. Spätestens hier oben wird manchem Betrachter klar, dass die Wohn- und Freizeitqualität derer, die das Glück haben, Hauptstädter zu sein, wahrhaftig fantastisch ist. Schon, dass die Fähre nach Southland direkt vor ihrer Nase ablegt, wäre dafür Beleg genug. Dreieinhalb Stunden nur dauert die malerische Seereise durch Fjorde und Buchten der 96 Kilometer breiten Cook Strait nach Picton.

Unten:
Nicht nur Sandstrände beeindrucken auf den beiden Inseln: die Klippenlandschaft „White Cliffs" bei Pukearuhe.

Oben:
Ein Superlativ der anderen Art: der größte neuseeländische Apfel in Te Kuiti auf der Nordinsel.

Links:
Neuseeland von der urbanen Seite: Die quirlige City in Downtown Auckland bietet alles andere als ruhiges Landleben.

Links oben:
Von hier in alle Richtungen südwärts: Der Leuchtturm von Cape Reinga steht auf dem nördlichsten Punkt Neuseelands.

Links Mitte:
Wer die Kap-Halbinsel im äußersten Zipfel des Northlands entlang des kaum enden wollenden Ninety Mile Beach durchfährt, wird mit dem North Cape, Cape Maria van Diemen und Cape Reinga belohnt.

Links unten:
Am Cape Reinga stoßen der Pazifische Ozean und die rauhe Tasmanische See aufeinander, und so wundert es nicht, dass dieser ungewöhnliche Ort in der Mythologie der Maori seinen Platz hat: Cape Reinga gilt als heiliger Ort, von dem die Seelen der Toten auf die letzte Reise gehen.

Unten:
Neuseeländisches Nordkap: Der viel fotografierte Leuchtturm thront auf der allerletzten nördlichen Klippe – gleich dahinter brodelt das Meer.

Seite 36/37:
Die Hälfte aller Neuseeländer lebt in nur einer Stadt, in Auckland. Die ehemalige und heimliche Hauptstadt der Kiwis ist wirtschaftliches und kulturelles Zentrum, Drehkreuz für Luft- und Schiffsverkehr und überhaupt eine richtige, weltstädtische und glitzernde Metropole.

Rechts:
Das malerische Küstenstädtchen Devonport gilt bei Aucklandern als erste Adresse: Nur 15 Minuten mit der Fähre vom Zentrum der City entfernt, ist das idyllische Fleckchen am Hauraki Gulf zwar ein Vorort der Großstadt, aber als solcher Tor zu einer traumhaften vorgelagerten Inselwelt.

Unten:
Lichter der Großstadt: Aucklands Skyline erhebt sich mächtig vor dem Abendhimmel. Die größte Stadt Neuseelands beherbergt über anderthalb Millionen Einwohner.

Oben:
Auckland, das als „City of Sails“ mit seinen rund 100 000 Liegeplätzen in den Marinas ohnehin keinen Mangel an Wasserwelt hat, verschafft seinen Einwohnern mit der einzigartigen Lage zwischen Stränden und Buchten einen hohen Freizeitwert.

Links:
Wer von der flippigen Metropole genug hat, der macht sich auf die nahe gelegene Coromandel-Halbinsel davon und schwelgt dort hinter den hier gezeigten Gebäuden in einem Naturparadies.

DIE GESCHICHTE NEUSEELANDS – VON DER ENTDECKUNG

Die beiden großen Entdecker Neuseelands waren der Holländer Abel Tasman und der Brite James Cook. Ersterer taufte 1642 das, was er bei seiner Ankunft sah, „Niuew Zeeland". An Land ging er wegen der feindselig eingestellten Eingeborenen nicht. 1769 sichtete der Brite James Cook die Nordinsel, hisste den Union Jack und nahm die Inseln im Namen des englischen Königs George III. in Besitz. Anschließend umfuhr er ausgiebig die Küsten und ließ das Neuland wissenschaftlich penibel kartografieren.

Mitte:
Wellingtons neues Te Papa Museum haben sich die Kiwis ein paar hundert Millionen Dollar kosten lassen; mit beachtlichem Einsatz von Hightech und Multimedia wird Neuseeland hier aus allen Blickwinkeln betrachtet.

Im Kielwasser der Entdecker kamen schon bald Walfänger, Robbenjäger und Holzfäller, die Neuseelands Urwälder profitabel ausschlachteten. Auf die kahl geschlagenen Hänge und Hügel rückten mit der Zeit Schaffarmer nach. Kolonialgesellschaften wie die New Zealand Company wurden gegründet, die aus Europa ausreichend Neusiedler herbeischaffen sollten. Mit an Bord waren die ersten Missionare, die neben der Bibel Weinreben mitbrachten sowie Zuchtvieh und andere Kulturpflanzen. Aber auch Krankheiten, die bei den Eingeborenen oft tödlich umgingen. Immer mehr Europäer landeten an und Auseinandersetzungen mit den Maoris wurden unausweichlich. Zu Beginn des 19. Jahrhunderts flammten erstmals kriegeris<che Aktionen zwischen den Eingeborenen und den weißhäutigen Fremden auf, aus denen sich die Jahre andauernden Maori-Kriege entwickelten.

Unten:
Cooks Karte „La Nuova Zelanda" aus dem Jahr 1798 stammt aus dem römischen Universal-Atlas und zeigt im Vergleich zu der modernen Kartografierung Neuseelands bereits eine erstaunliche Genauigkeit; als Strichlinien sind die Routen eingezeichnet, die Cook mit seiner „Endeavour" befuhr.

Um 1845 lebten bereits 1400 Deutsche in Neuseeland. Nur wenig später gaben 5000 der Kolonisten an, deutsch zu sein. Zu den Einwanderern aus Deutschland gehörte der Gelehrte Julius von Haast, der 1858 kam, um Naturforschung zu betreiben. Nach ihm sind der Haast Pass und der Haast River benannt. Ferdinand Ritter von Hochstetter reiste zur gleichen Zeit nach Neuseeland und führte auf der Suche nach Bodenschätzen geologische Untersuchungen durch. Ein Gottfried Lindauer machte sich in der Kunst einen Namen und porträtierte die Maori. Die Stadt Nelson auf der Südinsel gilt als Zentrum deutscher Siedler,

BIS HEUTE

die 1843 mit dem Auswandererschiff St. Pauli anreisten und die ihre Ortschaften St. Paulidorf, Schachtstal und Ranzau (nach dem Grafen Kuno zu Ranzau-Breitenburg) benannten.

GOLDRAUSCH UND INDUSTRIALISIERUNG

Mitte des 19. Jahrhunderts schwappte unerwarteter Reichtum auf die Inseln, in Form von Goldnuggets. Das sprach sich schnell in der Welt herum. Tausende kamen aus Australien und aus dem fernen Kalifornien herüber, um ihr Glück zu versuchen. Die Wirtschaft boomte. Extensiv wurde nun Viehzucht betrieben und an der Infrastruktur gebaut. 1863 ging die erste Eisenbahnstrecke in Betrieb. Der Sitz der Hauptstadt wechselte von Auckland nach Wellington, um beiden Inseln ein gleich großes Gewicht zuzumessen. Universitäten entstanden, das allgemeine Wahlrecht wurde eingeführt. 1893 setzte sich Neuseeland an die Spitze aller demokratischen Staaten, indem es das Frauenwahlrecht einführte. Die Bevölkerung wuchs rasant. Zu Beginn des 20. Jahrhunderts lebten auf den Inseln über eine Million Menschen.

Zwar trat Neuseeland 1939 noch als britische Kolonie in den Zweiten Weltkrieg ein, wurde aber schon 1947 als parlamentarische Demokratie unabhängig, verblieb allerdings im Verbund des Commonwealth. Bis heute ist Queen Elizabeth II. von England das neuseeländische Staatsoberhaupt. Doch gelegentlich wird spekuliert, ob die alternative Flagge des 1986 eingebürgerten österreichischen Künstlers Friedensreich Hundertwasser nicht zeitgemäßer sei als der Union Jack: Sie zeigt das Maori-Symbol eines sich aufrollenden Farnblattes ...

Links:
1642 verließ der holländische Seemann Abel Tasman den Hafen von Batavia und unternahm im Auftrag der niederländischen Ostindien Kompanie zahlreiche Schiffsreisen. Schließlich schickte man ihn auf die Suche des südlichen Kontinents in den Pazifik. Er entdeckte Tasmanien, die Tonga-Inseln, Fidschi und sichtete „Niuew Zeeland".

Oben:
Unweit der geschichtsträchtigen Bay of Islands liegt das Örtchen Waimate North, das im Waimate Mission House (gegründet 1831) Relikte aus der Historie ausstellt; hier lebte Neuseelands erster anglikanischer Bischof, George Augustus Selwyn.

Oben links:
Der britische Kapitän James Cook kartografierte auf seinen drei großen Entdeckungsreisen den gesamten pazifischen Raum; wo seine Schiffe ankerten, wurde das Land im Namen des englischen Königs George III. in Besitz genommen. Mit an Bord waren Wissenschaftler, die sich unverzüglich an die geologische, biologische und geografische Erforschung des jeweiligen Neulandes machten.

Südlich der Mercury Bay ziehen sich endlose Sandstrände dahin, wofür die Küsten der Coromandel-Halbinsel bekannt sind, mit so wohlklingenden Namen wie Cooks Beach (rosafarbener Sand), Buffalo Beach (Pinien bestanden) und der Hahei Beach hier, dessen Pohutukawa-Bäume zur Weihnachtszeit prachtvoll in Blüte kommen. Vor dem Hahei Beach liegt die Mahurangi-Insel idyllisch im blauen Wasser.

Linke Seite:
Über den rosa schimmernden Strand von Hahei Beach führt der Fußweg zur Cathedral Cove: Eine Brandungshöhle verbindet auf ungewöhnliche Weise zwei durch markante Kalksteinformationen abgeschlossene, feine Sandstrände. Wer hier seinen Insel-Traum nicht findet, der braucht andernorts gar nicht zu suchen.

Links, oben und unten:
Die bizarren Fels-Skulpturen von Cathedral Cove, durch Jahrtausende aus der Natur geformt und Teil der Te Whanganui-A-Hei Marine Reserve, sind beliebte Fotomotive, die allerdings nicht ganz mühelos zu haben sind; die gewaltigen Naturmonumente sind nur zu Fuß und ausschließlich bei Ebbe zu erreichen.

Unten:
„Die Bucht, die viel zu bieten hat“, ließe sich „Bay of Plenty“ frei übersetzen, wobei unklar bleibt, ob es sich um herrliche Strandpanoramen mit vorgelagerten Inselwelten handelt, um ausgedehnte Kiwi-Plantagen, die sich im Kiwifruit Country bei Te Puke besichtigen lassen, oder um die teuflische Vulkaninsel White Island, die in unberechenbaren Zeitabständen immer wieder zum heißglühenden Inferno mutiert.

Rechts oben:
Weit über hundert Inseln geben der Bay of Islands ihren klangvollen Namen; hier trifft sich alles, was in Neuseeland oder sonstwo Rang und Namen hat, hier der Hafen von Opua.

Rechts Mitte:
Lange einsame Sandstrände säumen die Westküste von Auckland. In der wahrhaft verwunschenen Atmosphäre des Karekare Beach wurden Szenen für den Film „Das Piano“ gedreht, weiter nördlich präsentiert sich in unwirklicher Stimmung der Muriwei Beach.

Rechts unten:
Am Muriwei Strand im Takapu Refuge bilden von August bis April auf Felsen und Klippen tausende von Tölpeln eine der größten Seevogelkolonien der Nordinsel.

Unten:
In der Landschaft um Lake Tarawera thront auch der Vulkan Mount Tarawera, der am 10. Juni 1886 explodierte und eine riesige Erdspalte aufriss. Einige Dörfer versanken in Schutt und Asche, 153 Menschen kamen im teuflischen Ausbruch zu Tode.

Links:
Lake Tarawera ist nach dem Lake Rotorua der zweitgrößte im Seen- und Thermalgebiet um Rotorua.

Unten:
Stürzende Wasser: Nicht nur ein See, ein Fluss und ein Vulkan tragen den Namen Tarawera, sondern auch die Wasserfälle nahe Kawerau.

Links:
Friedliche Flussszenen am Tarawera River lassen fast vergessen, dass er durch ein Gebiet mit sprudelnd heißen Quellen, rauchenden Schloten, verkrusteten Lava-Outlets und weißen Dampffahnen fließt.

Unten:
Das prachtvolle Whare Runanga Meeting House wird im Waitangi National Reserve Park ausgestellt. Fünfzig Maori-Häuptlinge und der britische Captain William Hobson unterzeichneten am 6. Februar 1840 den legendären Vertrag von Waitangi, in dem den Ureinwohnern von der britischen Krone weit gehende Rechte eingeräumt wurden.

Kleine Bilder rechts:
Mit phantasievollen Fratzen schmücken die Maori ihre kunstvollen Schnitzereien. Gesichter sind die Hauptmotive, die auch vor bösen Geistern schützen sollen.

DIE UREINWOHNER NEUSEELANDS – DIE MAORI

Oben:
Jedes Versammlungshaus der Maori ist traditionell nur einem einzigen bedeutenden Ahnen gewidmet, hier das Meeting House Te Takinga in Mourea.

Mitte:
Das Whare Runanga Meeting House im Waitangi National Reserve Park wird durch aufwändige Schnitzereien und traditionelles Flechtwerk geschmückt.

Unten:
Der Dachgiebel des Versammlungshauses Te Takinga in Mourea besteht aus prachtvollen Schnitzarbeiten, die vor bösen Geistern bewahren sollen.

Als wahrscheinlich gilt, dass Menschen erstmals vor rund 3000 Jahren nach Neuseeland kamen. Kraushaarige, kleinwüchsige, dunkelhäutige Seefahrer sollen es gewesen sein, die möglicherweise aus Melanesien stammten. Damals musste das von Menschenhand noch unberührte Inselreich den Ankömmlingen als wahres Paradies erschienen sein: Fette Laufvögel, die Moa, straußengroß, waren leicht zu fangen (sie konnten ja nicht fliegen). In zahlreichen Buchten tummelte sich reichhaltig die Fischwelt, man brauchte nur hineinzugreifen. Von den feuerspeienden Vulkanen abgesehen, trübten weder giftige Schlangen noch andere gefräßige wilde Tiere diesen saftigen Garten Eden, wirkliche Feinde waren nicht in Sicht.

Das änderte sich, als um 1400 n. Chr. die nächste Siedlergruppe an die Küsten gelangte: hellhäutige, kräftige und große Kerle mit glatten Haaren, vermutlich aus Polynesien. In dreißig Meter langen Kanus kamen sie 3000 Kilometer weit über den Pazifik. In ihren Schiffen Aotea, Tainui, Takitimu, Horouta, Te Arawa, Mata Atua und Tokomaru brachten sie Ratten, Hühner und Schweine auf die Inseln sowie Kulturpflanzen wie Süßkartoffel und Kürbis. Frauen hatten sie allerdings zuwenige mitgebracht. Also erschlugen sie die dunkelhäutigen Konkurrenten, um deren Frauen zu übernehmen. Aus dieser Vermischung sollen sich die heutigen Ureinwohner Neuseelands, die Maori, ableiten. Deren Leben gestaltete sich bald nicht mehr so paradiesisch, wie das ihrer Vorgänger. Mit zunehmender Bevölkerung entwickelten sich kriegerische Stämme, und nicht wenige waren als schlimme Kannibalen gefürchtet.

TECHNISCHE ÜBERLEGENHEIT DER PAKEHA

Der nächsten Einwanderungswelle konnten auch die kämpferischen Maori nichts entgegensetzen. Die Europäer, die ab Mitte des 19. Jahrhunderts anlandeten, kamen mit riesigen Schiffen, die Feuer wie Vulkane spuckten, und sie kamen in nicht abreißenden Mengen. Jahrzehntelang wehrten sich die Eingeborenen gegen die brutalen Landnahmen der Europäer und führten gegen die Pakeha, die weißen Eindringlinge, erbitterte Kämpfe. Unter dem ersten Maori-König Te Wherowhero, Potatau I., begannen die Maori-Kriege. Doch aufgrund der technischen Überlegenheit der Pakeha mussten die Maori weichen. Was an Widerstand blieb, besiegten eingeschleppte Krankheiten. Und dann, bei zunehmender Urbanisierung, die soziale Entwurzelung. Alkohol, die Wunderdroge der Weißen, besorgte den Rest.

Immer wieder kamen Abkommen zustande, in denen die beiden Volksgruppen versuchten, ihre unterschiedlichen Belange zu regeln. Das bekannteste ist der Vertrag von Waitangi 1840. Über 500 Maori-Häuptlinge unterzeichneten in der Folge das Regelwerk der britischen Regierung, in dem die Eingeborenen die Königin von England als Souverän anerkannten. Dafür wurden ihnen alle Rechte und Pflichten britischer Staatsbürger zuerkannt sowie der Besitz ihrer Ländereien, Wälder und Fischgründe garantiert. Obwohl vor dem Gesetz gleichgestellt, setzten sich die Auseinandersetzungen zwischen Maori und Weißen fort.

Heute versucht die Politik die rund 400 000 Maori in die neuseeländische Gesellschaft zu integrieren – bei bestmöglicher Wahrung ihrer eigenständigen Kultur, die im neuseeländischen Alltag durchaus sehr präsent ist. Sie drückt sich nicht nur in vielen Ortsbezeichnungen aus, sondern auch in der Umgangssprache aller Neuseeländer. „Kia ora" zum Beispiel bedeutet ein freundschaftliches „Hallo" und „haere mai" ein „Willkommen". Die traditionellen Lieder und Tänze der Maoris werden keinesfalls nur als Folklore gepflegt und ihre handwerklich-künstlerischen Fähigkeiten drücken sich nicht ausschließlich in Souvenirprodukten aus oder in den viel bestaunten maorischen Körper-Tatoos. Die Liste ernst zu nehmender maorischer Kulturbotschafter ist lang: Literaturpreisträger, Opern- und Schlagersänger, Bildhauer und Lyriker genießen heute weltweites Ansehen.

Links oben:
Traditionelle Lieder und Tänze werden von den Maori nicht ausschließlich für touristische Veranstaltungen gepflegt, wenngleich derlei Aufführungen zu den unvergesslichen Erlebnissen eines Neuseeland-Besuchs zählen.

Rechts oben:
Die Künstler der heutigen Maori haben die traditionelle Herstellung von Kunstgegenständen und Kleidungsstücken mit bewundernswerter Fertigkeit bewahrt.

Oben:
Nicht nur ihre Gesichter schmücken die Maori mit Tätowierungen. Zu früheren Zeiten wurden sie mit geschärften Steinen oder spitzen Vogelknochen eingeritzt.

Oben links:
Beim Haka, dem traditionellen Kriegstanz, drohen die Maori-Krieger durch Augenrollen, laute Schreie und das weite Herausstrecken der Zunge.

Die blau-grüne Krater- und Seenlandschaft um Rotorua beherbergt zahllose dampfende Geysire, kochend heiße Schlamm-Pools und hitzebrutzelnde Sinterterrassen, die sich in einer abwechslungsreichen Landschaft verbergen. Vulkankegel ragen zwischen gewaltigen Binnenseen auf, um die saftig grün ein überwältigender Vegetationsreichtum wuchert.

Seite 56/57:
Aufgrund seiner attraktiven Lage inmitten des Vulkan- und Thermalgebietes hat sich Rotorua sehr schnell entwickelt. Hier und da ragen noch architektonische Kolonialperlen hervor wie das Princes Gate Hotel, das mit Fassade und Interieur den Glanz vergangener Zeiten verteidigt.

LANGTON'S
CAFÉ

NEW ZEALAND
TOURISM
AWARDS
2002/2003
DISTINCTION
AWARD
Rotorua Museum
Of Art and History

Wunder der Natur: Zwischen Rotorua und Taupo liegt das Waiotapu Thermal Wonderland, die „heiligen Gewässer", wie die Maori die Thermalbecken mit den farbintensiven Mineralstoffablagerungen nennen.

Dampfende Wasser: Während tausenden von Jahren wurden durch die heißen Quellen und Geysire Silikate aus dem Erdreich herausgewaschen, die auf der Oberfläche die unterschiedlichsten Färbungen bilden und das Waiotapu Thermal Wonderland zu einer Attraktion ersten Ranges machen.

Südlich von Hamilton, Nordinsel, befinden sich die weltbekannten Waitomo Caves, die drei Höhlen umfassen: die Glowworm Cave (oben rechts), die Aranui Cave (unten rechts und rechte Seite) und die Ruakuri Cave. Waitomo heißt in der Maori Sprache soviel wie „das Wasser, das in ein Loch fließt", und so müssen Besucher der Glühwürmchen-Grotte erst einmal einen unterirdischen Fluss durchqueren. Die von Wasserläufen ausgewaschenen Kalksteinformationen beherbergen Legionen von Arachnocampa luminosa, Glühwürmchen, die in der Unterwelt ein kurioses Lichtspektakel betreiben und auf ihre Weise einen märchenhaften Sternenhimmel unter der Erde erzeugen.

Unten:
In Taucheranzüge gesteckt und auf Gummireifen platziert lassen sich Wasserratten beim Black Water Rafting auf dem Huhuni River sowohl an der Oberfläche als auch durch die Höhlensysteme von Waitomo treiben.

Unten:
Im Waitomo-Tal findet man schluchtartige Labyrinthe mit sprudelnden kleinen Flüsschen, deren dichte Natur in der Ruakuri Scenic Reserve geschützt ist.

Rechts:
Oberhalb des faszinierenden Höhlensystems der Waitomo Caves wuchert üppiger Urwald, der in der Ruakuri Scenic Reserve zum Teil durch Holzstege begehbar gemacht wurde.

Rechts:
Waipoua Kauri Forest auf der Nordinsel gilt als „Vater der Wälder“ (Te Mahuta Ngahere). Hier haben sich die größten noch existierenden Kauri-Bäume versammelt. Tane Mahuta, mit 1200 Jahren der „Gott der Wälder“, bringt es auf einen Stammesumfang von dreizehn Metern und eine Höhe von fünfzig!

Rechte Seite:
Bei Warakei zwängt sich der Abfluss des Taupo-Sees durch einen 200 Meter langen und nur wenige Meter breiten Felskanal, ehe die Wassermassen in donnerndem Getöse über zehn Meter tief in den Huka Falls abstürzen.

Rechts, oben und unten:
Einen der schönsten Ausblicke hat man von der Kleinstadt Taupo über den gleichnamigen See auf die Kulisse der Riesen: Jenseits des Wassers thronen im Tongariro National Park die immer noch gefährlichen Vulkane Mount Ruapehu (2797 Meter) und Mount Ngauruhoe (2290 Meter), sowie der inzwischen zahmere Mount Tongariro (1968 Meter). Mit 620 Quadratkilometern ist Lake Taupo der größte See Neuseelands und liegt, größer als der Bodensee, mitten im „Ring of Fire" der Vulkane.

Oben:
Über zwanzig Flüsse stehen Petri-Jüngern als Anglerparadiese um Taupo zur Verfügung. An einem der schönsten, dem Waikato River, residiert Neuseelands nobelste Unterkunft, die Huka Lodge; nobel schon deshalb, weil Queen Elizabeth II. und Prince Philipp keinesfalls die einzigen Prominenten sind, die im Gästebuch stehen.

Rechts:
Nicht nur feuerspeiende Vulkane, sondern auch grasfressende Schafe sind in der Region um Taupo beheimatet, deren „Rolling Hills" sanft im Gegensatz zu allgegenwärtigen, blubbernden Schlammkratern stehen.

Oben und links:
Romantik pur verströmt diese Idylle an den Ufern des Lake Ohakuri in der Nähe von Taupo. Überquert man den See von der State Highway 1 per Boot, findet sich am anderen Ufer mit dem Orakei Korako Geyserland ein weiteres „thermisches Wunderland" – sowie die größte Sinter-Ansammlung Neuseelands.

Links oben:
Welche Energie unter der Erdoberfläche steckt, wird Besuchern des Warakai Parks spürbar, wenn sie die weichliche, heiße Senke der Craters of the Moon durchqueren, wobei es an allen Ecken und Enden spritzt, blubbert und dampft.

Links Mitte:
Die geothermische Energie nutzt die Warakei Power Station, eines der größten thermischen Kraftwerke der Welt, die das Höllensystem zu friedfertigen Zwecken unterirdisch anzapft.

Links unten und unten:
Die Anreise zum Orakei Korako Geyserland führt durch liebliche Täler und fruchtbares Farmland, bevor die Fähre zu den Sinterterrassen der heißen Quellen übersetzt. „The Hidden Valley" produziert wärmeliebende Algen in den warmen Wassern, die für die ungewöhnliche Farbgestaltung des „Versteckten Tals" verantwortlich sind.

BEWEGTE LANDSCHAFT – GLETSCHER, GEYSIRE UND

Oben:
Beeindruckende Fontänen spuckt der Pohutu Geyser im Whakarewarewa-Thermalgebiet, dem bekanntesten der Region Taupo-Rotorua.

Mitte:
Fünf Krater sorgen auf White Island für ein teuflisches Inferno, wobei von einer „Insel" im eigentlichen Sinn kaum die Rede sein kann; der Vulkansockel in der Bay of Plenty gehört zu den gefährlichsten Ventilöffnungen unterirdischer Magmakammern in Neuseeland.

Eine zutreffendere Bezeichnung als „Niuew Zeeland" hätte Abel Tasman nicht finden können. Denn erst nachdem sich vor 100 Millionen Jahren die Landmassen Neuseelands in gewaltigen tektonischen Verwerfungen vom Urkontinent „Gondwanaland" (Afrika, Südamerika, Australien, Indien und die Antarktis) getrennt hatten, ragten seine obersten Spitzen als Land aus der See. Die wirkenden Erdkräfte hatten mit zahllosen Vulkanausbrüchen, Erdbeben und Auffaltungen ein geologisches Chaos, die eigentliche Schöpfungsgeschichte von „Godzone", verursacht, als in den Tiefen des Pazifiks die Kanten der australisch-indischen und der pazifischen Platte miteinander kollidierten.

Im Meer versunkene Steilhänge bilden heute über dem Meeresspiegel eine bizarre Fjordlandschaft, riesige Eispanzer hobeln noch immer den Grund rund und laden ihre rauhen Moränenwälle ab. Auf der Nordinsel überdecken Magma-Massen die Erdoberfläche und schaffen, wenn die Lava zischend und dampfend ins Meer rollt, noch immer eigenwilliges Neuland.

FEUER UND EIS

Siebenundzwanzig Berggipfel über 3000 Meter (höher als die Zugspitze) und an die hundertvierzig über 2000 türmen sich in den neuseeländischen Südalpen auf. Hundertfünfzig Gletscher zeugen von den Urgewalten vergangener Jahrtausende. Der Tasman Glacier ist mit siebenundzwanzig Kilometern der längste. Im so genannten neuseeländischen „Ring of Fire" brutzeln noch immer gefährliche Vulkane unberechenbar vor sich hin. Zusammen mit dem kochenden Insel-Inferno

White Island werden die drei dicksten Brocken der Nordinsel (Mount Ruapehu – 2797 Meter, Mount Ngauruhoe – 2290 Meter, Mount Tongariro – 1968 Meter) laufend seismologisch überwacht. Das ist auch notwendig: Gefährliche Ausbrüche gehören keinesfalls der Vergangenheit an.

Die Magma, die durch Bruchspalten der Erdkruste nach oben drängt, erhitzt als angenehmen Nebeneffekt Grundwasser, das in Form von Thermalquellen und Geysiren austritt. Die Faszination an den Urkräften im Gebiet um Rotorua und Lake Taupo ist so groß, dass hier die dichteste Infrastruktur Neuseelands um blubbernde Schlammlöcher, zischende Geysirfontänen, farbenprächti-

VULKANE

ge Sinterterrassen und heilende Thermalquellen entstand. Abgesehen von White Island ist das Teuflischte, was die Region um Rotorua anbietet, Hell's Gate. Die infernalischen Erdöffnungen des äußerst aktiven Areals tragen Namen wie Devil's Bath oder Devil's Throat. Der Horror ließe sich noch steigern: In den Craters of the Moon, einer weicherdigen, dampfenden Senke zwischen Taupo und Wairakei, die Mutige als kostenpflichtiges Gruselkabinett auf schmalen Laufstegen aus Holz durchschreiten.

„Vor ein paar Wochen", erklärt ein Guide, „war der hier noch ganz klein!" Und zeigt auf einen ordentlichen Krater mit aggressivem Benehmen: 140 Grad heißer Schlamm spritzt aus seiner dunklen Öffnung meterhoch in die Luft. Jeder der vielen kleinen Dinger ringsum, fügt er hinzu, könnte jederzeit zu einem solchen Ungeheuer mutieren. Noch Schlimmeres nicht ausgeschlossen. „Anything could happen here", bemerkt er am Ende einer Tour, „at any time!" Meistens blubbert es allerdings nur dumpf röchelnd vor sich hin. Manchmal aber lässt sich sogar die Hölle noch zum Guten wenden: In der Nutzung geothermischer Energie haben sich die Neuseeländer angesichts ihrer unterirdischen Ressourcen technologisch zu Meistern entwickelt. Die „Wairakei Geothermal Power Station" ist weltweit das zweitgrößte Thermalkraftwerk.

Ganz oben:
Die Thermal Pools von Waiotapu kreieren mit ihren Champagner Pools und dem Lady Knox Geyser die „heißesten" Attraktionen des dampfenden Lands.

Oben links:
In erstaunlichen Farben leuchten die Thermalgewässer im Waiotapu Thermal Wonderland nahe Rotorua.

Oben rechts:
Wie verwunschen wirken die Nebelbilder der dampfenden Thermalbecken nahe Rotorua.

Links:
Auf dem Rundweg durch den Thermalpark von Whakarewarewa kommt man auch an blubbernden Schlammlöchern, wie diesen „Mudpools", vorbei.

Unten links und rechts:
Die spektakulären Taranaki Falls im Tongariro National Park. Der Nationalpark, der das Vulkangebiet um Whakapapa umfasst, gilt als einer der spektakulärsten Neuseelands. Hier thronen die großen Vulkan-Brocken inmitten riesiger Lavafelder und einer berauschenden Gebirgslandschaft.

Rechts:
Beherrschend in der landschaftlichen Vielfalt: Mount Ngauruhoe, einer der drei Vulkane neben Mount Tongariro und Mount Ruapehu, deren unberechenbare Tätigkeit bis heute andauert.

Seite 74/75:
Der Blick über Lake Rotoaira zeigt die naturgewaltigen Monster: Mount Ruapehu, Mount Ngauruhoe und Mount Tongariro. Im Triumvirat bestücken die Vulkane den Tongariro Nationalpark.

Rechts:
Neben den Skigebieten sind im Tongariro National Park Wandertouren die große Attraktion. Einer der beliebtesten Tracks ist der Taranaki Falls Walk, der zu den Taranaki-Wasserfällen führt.

Oben:
Cape Palliser, der südlichste Punkt der Nordinsel; wer einen einstündigen Fußmarsch nicht scheut, lässt sich am Ende von den mächtigen Felsformationen der Putangirua Pinnacles beeindrucken.

Rechts:
So ein Blick vom Pioneer Village bei Stratford hat Seltenheitswert: Der mächtige 2518 Meter hohe Vulkankegel des Mount Taranaki (Mount Egmont), zufällig einmal wolkenlos, wird seinem Vergleich mit dem japanischen Fudschijama gerecht.

Links:
Das liebliche Kirchlein von Awanui jenseits von Coopers Beach und Cable Bay markiert die größte nördliche Ansiedlung Neuseelands – ein paar hundert Einwohner harren hier im tropischen Paradies aus!

Unten:
Blaue See-Idylle vor hohen Bergen: Die kleine Schwester des Rotorua-Sees, Lake Rotoiti, liegt bei Mourea.

Typische Straßenszene im Provinzstädtchen Bulls, ein pittoreskes Stopover am State Highway 1, der die Hauptstadt Wellington mit der Metropole Auckland verbindet.

Im Kleinstädtchen Wanganui an der Westküste der Nordinsel lässt sich neben historischen Fassaden aus der Mitte des 19. Jahrhunderts reichlich Maori-Kultur bestaunen, im Wanganui Public Museum. Auch Werke des deutschen Malers Gottfried Lindauer finden sich dort, der 1873 nach Neuseeland auswanderte und in seinen Bildern Neuseelands Ureinwohner porträtierte.

Allan & Mandy Baylis stehen mit ihren Kindern für ein Faible der Kiwis: mobil sein! Am liebsten ziehen Neuseeländer auf vier Rädern über ihre Inseln und übertreffen sich zuweilen an Einfallsreichtum beim Thema „kuriose Vehikel“.

Im Taranaki Pioneer Village in Stratford, Nordinsel, lässt sich die Optik alter Zeiten erleben und für einige Momente eintauchen in die Zeit, die einmal war.

Unten:
Blue Lake und Tongariro (1968 Meter) im Tongariro National Park. Neuseelands ältester Nationalpark existiert schon seit 1887 und steht mit seinen 752 Quadratkilometer weiten Vulkanlandschaften auf der UNESCO-Liste des Weltnaturerbes.

Rechts:
Die auf 2500 Meter ansetzenden Gletscher des Mount Ruapehu (Höhe des mächtigen Vulkankegels: 2797 Meter) reichen mit ihren Zungen weit herunter, was aus der Ferne wie eine „Sahnehaube" des imposanten Naturschauspiels aussieht.

Oben:
Die heißen Quellen der Ketetahi Hot Springs gehören mit zu den Highlights des untergrundbewegten Tongariro National Parks.

Ohne Wolkenschleier erhebt sich der erloschene Vulkan Mount Taranaki (nach James Cook eigentlich Mount Egmont) mit stolzen 2518 Metern aus der Ebene. Spektakuläre Ausbrüche sind wohl nicht mehr zu erwarten; der letzte fand um 1600 statt.

Erloschen ist auch der Tongariro-Vulkan, der mit 1968 Metern im gleichnamigen Nationalpark aber immer noch für feurige Stimmungsbilder sorgt.

Morgenlicht beim Lake Rotoaira. Der Tongariro National Park wird von einigen Straßen durchquert und die Eisenbahnlinie Auckland-Wellington führt seit 1908 am Nationalpark vorbei.

Feuriges Farbenspiel im Morgennebel über dem Tongariro National Park – wesentlich ungefährlicher als ein Vulkanausbruch!

Seite 84/85:
Als gewaltige Klippenformationen ziehen sich die White Cliffs nördlich von New Plymouth (Westküste, Nordinsel) die Küste entlang und prägen bei Pukearuhe die Uferlandschaft der North Taranaki Bight.

Linke Seite:
Neben Regenwald, Kliffs, Bächen, Schluchten und herrlichen Ausblicken bietet der Taranaki National Park unter anderem die Dawson Falls, die ihre Wasser metertief abstürzen lassen.

Der Taranaki Nationalpark beherbergt außer seinem Mittelpunkt, Mount Egmont, auch Reste unberührter Urwälder an der Westküstenregion.

Wer die undurchdringlich erscheinende Natur auf den Wanderstrecken des Parks durchforscht, wird nicht nur auf dem Kapuni Track mit riesigen Farnwäldern und urtümlichen Baumriesen belohnt.

CORNER
GREAT WALL
RESTAURANT
RESTAURANT

Linke Seite:
Die Art Déco Stadt Napier an der Hawke Bay ist nach 1931 wie Phönix aus der Asche erstanden. Vom schlimmsten Erdbeben (7,9 Richterskala) in der Geschichte Neuseelands dem Erdboden gleichgemacht, bauten die Einwohner ihr Napier im Stil des Art Déco neu auf. Von Napiers Fassadenträumen sticht sein Wahrzeichen, das A&B-Building, besonders hervor.

Ganz links:
Ein Paradebeispiel der eleganten Fassadengestaltung ist das Gebäude von „The Daily Telegraph" in der Tennyson Street.

Links:
Napiers Art-Déco-Trust setzt sich für die Erhaltung der wertvollen Gebäudefassaden ein. Besucher buchen einen Art Déco Walk, um die geometrisch strengen Formen der Stilrichtung sachkundig untermauert zu genießen.

Links:
Als Musterbeispiel für Art Déco gilt das von Louis Hay entworfene Rothmans Building in Napiers Stadtteil Ahuriri.

Links:
Napier gilt als edel im Art Déco – und im Wein: Im Tom Mc Donald Cellar der Church Road Winery genießt man die feinen Tropfen in ansprechendem Ambiente.

Rechte Seite:
Das sonnige Meeresklima ließ in der Umgebung von Napier eines der produktivsten und ältesten Weinbaugebiete Neuseelands entstehen. Die ersten Reben soll 1851 ein katholischer Bischof an der Hawke Bay gepflanzt haben. Die Weinernte der Linden Estate Winery, einem von über 30 Weingütern, findet jahreszeitenverkehrt statt: zu Ostern, im neuseeländischen Herbst.

Unten:
„The Windy City" nennen die Neuseeländer ihre Hauptstadt, durch die recht häufig der Wind fegt, weil sie sich an der Cook Strait zwischen Buchten und Halbinseln und rauhen Küstenstrichen ausbreitet. Nur 96 Kilometer sind es von hier bis nach Southland, der Südinsel, was Wellington letztlich den Zuschlag einbrachte: Die Kiwis sollten auf eine Hauptstadt stolz sein, die möglichst gleichwertig Nord- und Südinsel repräsentiert. Jedenfalls geografisch, was seit 1865 der Fall ist.

Rechts oben:
Der kreisrunde Beehive dominiert mit seiner eigentümlichen „Bienenstock"-Architektur das Regierungsviertel von Wellington, wobei sich nicht unbeträchtlich viele Neuseeländer wünschen, es würde in den merkwürdigen Administrations-Waben ebenso emsig wie bei den Bienen geschafft werden.

Rechts Mitte:
Die schnell gewachsene Stadt kann zwar nicht unbedingt mit absoluter architektonischer Harmonie dienen, dafür bieten zahllose bunte Details etwas für das Auge.

Rechts unten:
Aus Platzmangel strebt die neue Architektur Wellingtons vermehrt himmelwärts, wobei alle möglichen Formen ausprobiert werden.

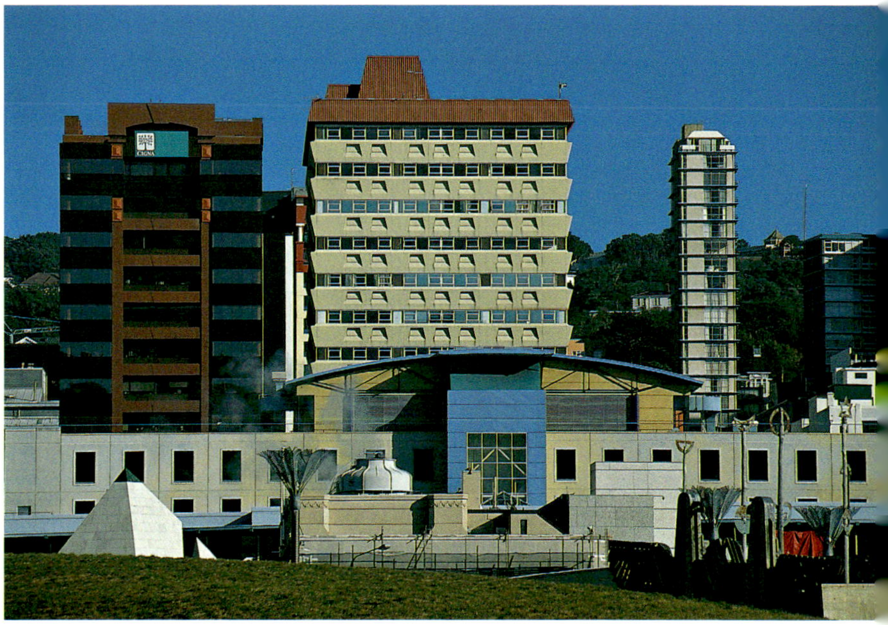

MENSCHENLEERE WILDNIS AUF DER SÜDINSEL

Mit dem Fährticket nach Picton haben Besucher die Eintrittskarte zu Neuseelands „Norwegen“ gelöst. Das fast menschenleere Southland wartet mit einer himmelsrichtungsverdrehten Welt auf: Bizarre Bergspitzen, Gletscher, Fjordlandschaften und kaltes Klima finden sich im äußersten Süden, Eis und Schnee gibt es im Juli, dafür zu Weihnachten schweißtreibende Hitze.

In Picton einmal von der Fähre gerollt, folgt man der Route 6 nach Westen oder biegt östlich ab, Richtung Blenheim, dem Wein und den Walen entgegen. Auf die Rechtsabbieger wartet auf der Route 6 der Goldrausch. 15 000 gierige Abenteurer überrannten auf der Suche nach Nuggets die

Lonesome Country: Die Mündung des Hapuka River in der Nähe von Haast steht für die West Coast; einsame, abgelegene Naturgebiete ziehen sich hier die Küstenlinie entlang, die bei Jackson Bay angeblich Australien am nächsten kommt. Hier geben sich Jäger, Angler und Hummerfischer und gelegentlich auch mal Ranger-Patrouillen ein Stelldichein in der puren Wildnis.

West Coast, nachdem 1864 der erste Fund bekannt geworden war. Nostalgiker können im Freilichtmuseum Shantytown in die Welt von damals eintauchen.

VOM WEIN ZU DEN WALEN

Das Städtchen Blenheim ist die Sunshine-Capitale der Südinsel; nicht selten scheint in der Region die Sonne über 200 Tage im Jahr! Bei idealen Boden- und Klimavoraussetzungen verbreiten sich weitflächige Rebhänge und -felder. In der Weinregion Marlborough findet alljährlich das „Wine and Food Festival" statt und der „Marlborough Wine Trail" ist so etwas wie die Rheingauer Riesling Route, auf der es zur Verkostung von Weingut zu Weingut geht. Vom Wein zu den Walen in der tausend Meter tiefen Bucht von Kaikoura ist es auf der Küstenstraße nur ein Katzensprung. Im alten Bahnhof der einstigen Walfangstation ist das Maori-Unternehmen Whale-Watch untergebracht.

In Christchurch, der einzigen Großstadt der Südinsel (350 000 Einwohner), haben britische Siedler der alten Heimat ein Denkmal gesetzt. Schon die Namengebung von Straßen und Plätzen (Canterbury Museum, New Regent Street und Cathedral Square) erinnert an Good Old England. Mächtig stolz ist die schnell wachsende Wirtschafts- und Kulturmetropole auf sein Antarctic Centre, das als

Oben:
Goldrush City: Ein Relikt aus alter Zeit ist das Cardrona Hotel im einstigen Minengebiet in den Bergen bei Wanaka.

Rechts:
Oldtimer hinterm Zaun: Fast wie ein Ausstellungsstück wird der alte Wagen in einer Scheune des Cardrona Hotels präsentiert.

Rechte Seite Mitte:
Die vitaminreiche Kiwi-Frucht, die hauptsächlich auf den fruchtbaren Plantagen der Bay of Plenty für den Export heranwächst, erfreut sich weltweit großer Beliebtheit.

Ganz rechts:
Nach dem ersten Goldfund am Clutha River zog in die Region Otago ab 1861 der große Reichtum ein; heute reifen im Clutha River Valley alljährlich reiche Obsternten heran.

Zentrum zur Erforschung des sechsten Kontinents und als Basis für die Versorgung antarktischer Forschungsstationen dient.

PANORAMAROUTE PER ZUG

Wer Christchurch's gotische Kathedrale St. Paul's bei seiner Stadtbesichtigung nicht vergessen hat, könnte jetzt getrost in den Zug steigen, um mit dem TranzAlpine Express, Neuseelands schönstem Luxuszug, bequem die Südinsel zu durchqueren. 1923 als Trasse für den Kohlentransport in den Fels gesprengt, führt die Bahnstrecke durch den Arthur's Pass National Park bis an die Westküste nach Greymouth. Viereinhalb Stunden lang zieht vor den Abteilfenstern ein beeindruckendes Bergpanorama vorbei, mit spektakulären Ausblicken vor und nach der Verschnaufpause, die der Zug auf 924 Metern Passhöhe einlegt.

Zur Welt der Gletscher wäre eine Station vor Greymouth auszusteigen, in Kumara Junction. Das Dach Neuseelands ist ziemlich eisig: Hundertvierzig Gletscher thronen majestätisch hoch oben, wobei es einige doch bis in die Täler zieht. Franz Josef zum Beispiel (nach dem Kaiser von Österreich benannt), der sich mit einer Geschwindigkeit von einem

Meter pro Tag talwärts durch den grünen Regenwald frisst. Die kleinen umtriebigen Ortschaften an der Küste, Franz Josef und Fox, dienen als Ausgangspunkte zu den gleichnamigen Gletschern und zum Mount Cook, deren Schnee- und Eisgebiete ein Paradies für Skiläufer und Snowboarder sind!

Die wilde Küste der Tasmanischen See ist das Revier der neuseeländischen Hummerfischer. Hier, am Rande des Regenwaldes, südlich von Jackson Bay, kämpft Louis mit den Elementen einer beinharten Natur. Vom Forestry & Fishing Department hat er die Pacht, das stoß- und bruchsichere Aluminiumboot von der Bank, wie auch das eigenwillige Aluminiumhaus mit Stahlgerüst und Haltetrossen, die verhindern, dass es die Winterstürme ins Meer blasen. Auf diesen Breitengraden stellt sich den Winden global keine Landmasse bremsend entgegen. Hinter seinem Robinson-Crusoe-Refugium mit Landepiste für das Flugzeug – Straßen gibt es hier nicht – leuchten weißbläulich die Gletscher aus dem Urwald hervor, dichte Vegetation versperrt Täler, brodelnde Wassermassen stürzen aus dem Dschungel über Steilküsten hinab in die aufgepeitschte Brandung der Küste.

Zuerst muss Louis die Netze mit den Köderfischen in der Bucht draußen einholen, um damit seine Hummerkästen zu bestücken. Fünfzig der Drahtfallen liegen an Schwimmbojen auf Grund dicht neben ausgewaschenen Felssäulen, die aus der brodelnden See ragen. Die elektrische Winde hievt sie ins Boot, wo Louis sie entleert und mit frischen Ködern versieht. Auf dem Echolot zeichnen sich tiefe Einbuchtungen ab. Genau dorthin bugsiert er die Fallen, denn an solchen Stellen halten sich

die Hummer mit Vorliebe auf. Zuweilen sitzen riesige Kraken mit in den Kästen, die die Winde heraufkurbelt, bei ihrer Leibspeise. Die langarmigen Monster sind manchmal nur schwer vom restlichen Fang zu entfernen: Von ihren Saugnäpfen ist kaum loszukommen, manchmal hilft nur noch das Messer. Die kostbaren Schwänze werden vom Rumpf getrennt, gesäubert, verpackt und tiefgefroren als Delikatesse nach Fox oder Franz Josef geflogen. Louis' Leben ist nicht ohne Gefahr und ein sehr einsames Geschäft. Nur selten kommen mal Jäger oder Ranger vorbei. Der Kampf mit der harten Natur ist für ihn tägliche Herausforderung. „Aber wo sonst", grinst Louis, „kann man so leben?" Nur in Neuseeland. Natürlich. Wo sonst?

Rechte Seite:
Wer die Fjordlandschaft der Marlborough Sounds so richtig genießen will, der bucht einen Mail Boat Run mit dem Postdampfer, der regelmäßig die entlegensten Fleckchen der Buchtensysteme besucht und dabei eine optische Wundertüte nach der anderen aufmacht.

Die drei Stunden Überfahrt von Wellington nach Picton gelten als Seereise vom Feinsten: Buchten, Fjorde und Inseln ziehen an der Fähre vorbei, bis die knapp hundert Kilometer der Küstenträume verbraucht sind und ein neues Abenteuer beginnt – in Southland.

Neuseelands Marlborough Sounds sind eine der landschaftlich schönsten Fjordregionen auf der Südinsel; einen Vorgeschmack erhalten Ferryboat-Passagiere, wenn ihre Fähre aus Wellington durch den Tory Sound und den Queen Charlotte Sound nach Picton einfährt.

Oben:
Vom Takaka Hill geht der Blick über die weitgespannte Tasman Bay, in der der berühmte Seefahrer und Entdecker 1642 ankerte; seine Nachfolger James Cook (1770) und der Franzose Dumont d'Urville (1827) liefen hier mit ihren Schiffen erst 128 und 185 Jahre später ein.

Rechts:
An die hundert Vogelarten beherbergt das riesige Sanddünengebiet von Farewell Spit bei Takaka, Tasman Bay. Zu Zehntausenden fliegen hier die Zugvögel aus Sibirien zum Überwintern ein.

Links:
Zum 300. Jahrestag des Besuchs Abel Tasmans in der Bucht wurde 1942 der Abel Tasman National Park eingerichtet, der nicht nur wildromantische Waldgebiete und Buschland auf seinen 23 000 Hektar umfasst, sondern auch goldgelbe Sandstrände an der Golden Bay.

Unten:
Die geschützten Buchten um die Golden Bay im Abel Tasman National Park gelten als ideales Terrain für das immer beliebter werdende Sea Kayaking.

Linke Seite:
Rötlich schimmernd schlängelt sich der Oparara River durch den Kuhurangi National Park, dem jüngsten und zweitgrößten der neuseeländischen Nationalparks.

Vom Takaka Hill überblickt man die beeindruckende Landschaft des Kuhurangi National Parks, durch die der Heaphy Track in vier bis fünf Tagen führt.

Kontrast in grün und rot: Da das Gebiet des Kuhurangi National Parks während der letzten Eiszeiten eisfrei war, hat sich hier eine Vielzahl endemischer Pflanzen entwickelt, die farblich mit dem Oparara Fluss konkurrieren.

Unten:
Schon die Anreise ist ein Erlebnis: Jene, die mit der Fähre aus Wellington in Picton einlaufen, genießen bereits vor der Ankunft die schöne Lage des Hafenstädtchens.

Unten:
Geschützt von den Ausläufern der Richmond Range liegt die fruchtbare Wairau-Ebene mit dem Provinzstädtchen Blenheim, in der Acker- und Weinbau betrieben wird.

Rechte Seite, oben und unten:
Gepflegte Kulturlandschaften: Auf Äckern wie vom Reisbrett gezogen produzieren die Bauern der Region Blenheim bei satten Böden und idealen klimatischen Verhältnissen reichhaltige Ernten. Ihr Farmland gilt als qualitativ hochwertig, wie auch der Rebenanbau, dessen Sauvignon Blancs Weltgeltung genießen.

Oben:
Mit dem Bau der neugotischen Christchurch Cathedral wurde 1864 begonnen; Kanzel und Chorgestühl des Prachtbaus stammen aus dem Jahr 1904. Wer sich früher die 133 Stufen auf die Turmplattform hinaufmühte, blickte von dort über die Canterbury Plains hinweg. Inzwischen ist Christchurchs schnell wachsende City dabei im Weg.

Rechts:
Als einzige größere Stadt der Südinsel bietet Christchurch mit ihren knapp über 300 000 Einwohnern (ein Drittel der Südinselpopulation) eine liebenswerte und relaxte Atmosphäre.

Links:
Obgleich die sehr englisch anmutende Innenstadt von Christchurch auch bequem zu Fuß zu erkunden ist, eröffnet eine Fahrt mit Christchurchs historischer Tramway neue Perspektiven.

Unten:
Durch das geometrische Straßenmuster von Christchurch windet sich der baumbestandene Avon River, auf dem die Kähne wie in Oxford mit Stangen gestakt werden. Seinen Namen erhielt Christchurch nämlich nach der Kirche des britischen Oxford College.

Oben:
Die Hafenstadt Nelson hat einiges an Lifestyle zu bieten mit zahlreichen Cafés, Kneipen und Restaurants. Künstler und Kunsthandwerk, Töpfereien und Bioläden sind hier ebenfalls zu Hause, und frische Austern finden sich beinahe auf jedem Tisch.

Rechts:
Nelsons City Centre trägt sichtbar gepflegte, koloniale Züge. Die Siedlung geht auf ein Maori-Dorf zurück, das „Wakatu“, sicherer Ankerplatz, hieß. Nachdem 1842 die ersten deutschen Einwanderer eintrafen, wuchs Nelson rasch und wurde 1858 zur Stadt erhoben.

Oben und links:
An jedem 25. April begehen die Neuseeländer ihren Anzac Day als Nationalfeiertag – wie hier in Ashburton auf der Südinsel. Der Tag soll an alle Kriegsgefallenen erinnern. Das Australisch-Neuseeländische-Armeekorps rekrutierte zehn Prozent seiner Bevölkerung, um im Ersten Weltkrieg England mit neuseeländischen Truppen zu helfen. Zahlreiche Neuseeländer fanden in den Schlachten fern der Heimat den Tod.

Unten:
Eingebettet in großartige Landschaft liegt diese einsame Farm am Rakaia River nahe Windwhistle auf der Südinsel.

Rechts oben:
Einzigartiges Naturerleben bietet das Kajakfahren auf dem Lake Moeraki an der Westküste der Südinsel.

Rechts Mitte:
Landschaften zum Malen findet man in Neuseeland an allen Ecken und Enden: am Pelorus Sound bei Havelock.

Rechts unten:
Vielfältigste Wasserlandschaften: Ob See, Fluss oder Meer – nirgend sonst erfährt man solch eine Vielfalt: Lake Moeraki.

Rechte Seite:
Zu Lande lassen sich bei Kaikoura Seehundkolonien beobachten. Sie bevölkern Felseilande und Buchten, wie hier in der Half Moon Bay.

Neugierige aus aller Welt reisen nach Kaikoura, um in der vorgelagerten Bucht Killer- und Pottwale zu beobachten sowie gutgelaunte Delfinherden, die ihre Wasserakrobatik vorführen.

Schnell fotografieren, bevor er ganz abtaucht! Ausgangspunkt der Whale-Watch-Fahrten ist Kaikoura, früher Walfangstation. Heute beherbergt der Ort das Maori-Unternehmen Whale-Watch in seinem alten, historischen Bahnhof.

EINZIGARTIGE NATUR –
DIE NATIONAL

Aufgrund seiner Abseitslage und seiner vielfältigen Klimate mit einem beeindruckenden Potential aus Flora und Fauna gesegnet, war Neuseelands Natur durch die rapide Besiedlung schon ab Mitte des 19. Jahrhunderts dem Raubbau ausgesetzt. Eine planmäßige Errichtung von Siedlungsräumen, die intensive landwirtschaftliche Nutzung seiner Naturflächen und eine schnell wachsende Industrialisierung sowie die dazu notwendige Infrastruktur stellten frühzeitig eine Bedrohung für die Natur dar. Besonders die Abholzungen wertvoller Edelhölzer und der flächendeckende Ersatz durch Schaffarmen veränderten die Inseln nachhaltig. Schwere Erosionsschäden sind an den „rolling hills“ nicht zu übersehen: Die von Regen und Wind ausgewaschene Erdkrume lässt nacktes Geröll zurück, auf dem Wachstum kaum je wieder stattfinden wird.

Um der wertvollen, teils endemischen Pflanzen- und Tierwelt (der nachtaktive, aber fast blinde neuseeländische Symbolvogel „Kiwi“ gehört dazu) die natürlichen Lebensräume zu erhalten, sind im Laufe der Jahre viele Umweltorganisationen entstanden. Wie auch das Department of Coversation (DOC), mit dem Ziel, auf Regierungsebene der wachsenden Umweltzerstörung Einhalt zu gebieten. Das DOC verwaltet heute ein Drittel des Landes. In riesigen Gebieten wurden unterschiedlich definierte Schutzzonen wie National Parks, Maritime Parks, Reserves, Forest Parks, World Heritage Areas und andere Naturschutzgebiete geschaffen. Die dreizehn National Parks allein weisen eine Fläche von rund 28 000 Quadratkilometer aus, das sind über zehn Prozent der Gesamtfläche des Landes. So manche Maßnahme kam allerdings spät: Seit der europäischen Besiedlung wurden bereits zwölf Vogelarten ausgerottet, 500 Pflanzen und Tierarten sind derzeit vom Aussterben bedroht.

Nicht wenige der National Parks lassen sich direkt touristischen Highlights zuordnen, wie beispielsweise der Mount Cook National Park dem längsten Gletscher (Tasman) der südlichen Hemisphäre oder der Westland National Park den Fox und Franz Josef Gletschern. Südlich davon

Oben:
Schäumende Wasser an wilden Felslandschaften: Im Paparoa National Park gehört neben dem dichten Regenwald die Küstenlinie zu den Attraktionen.

Mitte:
Flusslandschaft bei Wanaka im 1964 eröffneten Mount Aspiring National Park, dessen namengebender Gipfel mit 3027 Metern auch „neuseeländisches Matterhorn“ genannt wird.

Unten:
Zehn Prozent der Fläche Neuseelands sind Nationalparks und andere Schutzzonen. So soll auch die einzigartige Vogelwelt, hier der seltene Gelbaugenpinguin, bewahrt werden.

PARKS

Links:
Der Star des Mount Cook National Parks ist natürlich Mount Cook. In der Sprache der Maori „Aoraki“, der die Wolken durchbohrt, genannt, überragt er mit seinen 3754 Metern über zwanzig andere Dreitausender.

liegt der Fiordland National Park, der das Naturschauspiel des Milford Sound beherbergt. Hier geben Pinguine, Robben und Delfine ihr Bühnenstück. Als „The finest walk in the world“ annoncieren Tour-Veranstalter den vier- bis fünftägigen „Track“ durch das Fjordland, und wer ihn hinter sich hat, brennt vor Begeisterung – und Mückenbissen.

HOCHGEBIRGE UND LAVAFELDER

Alpine Landschaften präsentiert der Arthur's Pass National Park (der sich auch bequem mit dem luxuriösen TranzAlpine Express durchqueren lässt), schneebedecktes Hochgebirge, zahlreiche Gletscher und Bergseen der Mount Aspiring National Park. Der Abel Tasman Park wartet mit einem wild zerklüfteten Küstenland auf, aus dessen grüner Hölle sich tosende Wasserfälle in die Tasmanische See ergießen. Einer der spektakulärsten National Park-Regionen auf der Nordinsel ist der Tongariro National Park, der das Vulkangebiet um Whakapapa umfasst. Dort liegen die drei aktiven Vulkane Ruapehu, Ngauruhoe und Tongariro inmitten riesiger Lavafelder, umgeben von dampfenden Quellen – Zeugen der Urgewalten einer unruhigen Erde. Bildschön erhebt sich westlich davon mit einer 2518 Meter hohen Schneehaube aus der Ebene im gleichnamigen National Park der Mount Egmont als Doppelgänger des Fudschijama, wenn ihn die Wolken zur Ansicht freigeben.

Oben links:
Steil von Bergen eingefasst ist der Doubtful Sound im Fiordland National Park. James Cook hielt den Fjord für eine unsichere Ankerstelle, deswegen der Name „doubtful“.

Oben rechts:
Einzigartige landschaftliche Vielfalt von rauchenden Kratern bis hin zu kühlen Wasserfällen bietet der Tongariro National Park südlich des Lake Taupo.

Oben:
Im Westland National Park führt der Wombat Lake Trail den Besucher in urzeitliche Regenwälder.

Links oben:
König der Lüfte: Auf der Otago-Halbinsel vor Dunedin, Südinsel, brüten in der einzigen Königsalbatross-Kolonie der Welt die selten gewordenen Seevögel ihren Nachwuchs aus.

Links Mitte:
Hier gibt die Natur ihr Theaterstück: Lichtspiele über dem Strand der Portobello Bay auf der Otago-Halbinsel.

Links unten:
Spielzeug eines Riesen? Tonnenschwere Steinkugeln, die Moeraki Boulders, liegen etwa 30 Kilometer südlich von Oamaru am Strand und im seichten Wasser.

Unten:
Moeraki Boulders: Aus einem gesunkenen Ahnenkanu sollen laut Maori-Legende die riesigen Steinmurmeln stammen, die bei Moeraki als überdimensionale Bälle den Sandstrand beschweren.

Rechte Seite:
Larnach Castle ist Neuseelands einziges Schloss und wurde 1871 von William Larnach erbaut. Marmor, Mahagoni, Ebenholz und andere Kostbarkeiten kamen aus Übersee, um den Prachtbau innen zu schmücken. Nachdem die ersten beiden Ehefrauen Larnachs verstarben und ihm auch die dritte kein Glück brachte, erschoss sich der Bankier und Politiker hoch verschuldet – während einer Parlamentssitzung in Wellington, 1898, vor den Augen der Abgeordneten.

Unten:
Nachdem 1861 in Otago der Goldrausch ausbrach, begann die Provinzhauptstadt Dunedin schnell zu wachsen. Die Atmosphäre von damals lässt sich im Early Settlers Museum nachempfinden, in einer illustren Sammlung aus der Zeit der Pioniere.

Unten:
Dass die ersten weißen Siedler von Dunedin 1844 schottische Presbyterianer waren lässt sich noch an der Architektur ablesen: Die Boy High School ähnelt einem schottischen Hochland-Castle.

Oben:
Lichterglanz im nächtlichen Dunedin. Der Aufschwung kam durch die Goldfunde von 1860/61, so dass man 1863 als erste Stadt Neuseelands eine Straßenbeleuchtung anbrachte.

Oben:
Das Olveston House in Dunedin, ein Herrschaftsbau (35 Zimmer) im jakobinischen Stil, wurde um 1904 von seinen Eigentümern mit Prunk und Luxus ausgestattet und später komplett der Stadt Dunedin vermacht.

Linke Seite:
Die Pancake Rocks im Paparoa National Park sehen wegen ihrer flachen Kalksandsteinschichten wie aufeinandergestapelte Pfannkuchen aus. Durch die Blowholes, ausgewaschene Grotten im Fels, drückt die herannahende Flut mit großer Kraft Wasser, das oben als Fontäne in den Himmel spritzt.

Idylle pur an der Paparoa Küste: Solche Fleckchen Erde sind, wie überall auf der Welt, auch in Neuseeland selten gewordene Raritäten.

Schöner Wohnen an der Paparoa Coast: ein Domizil wirklich weit genug vom nächsten Nachbarn entfernt.

Unten:
Der Castle Hill Park nahe dem Arthur's Pass. Diesen Pass benutzten bereits die Maoris, aber „richtig" entdeckt hat ihn 1864 ein Arthur Dobson, als der Goldrausch an der West Coast sich einen Weg nach Christchurch im Osten bahnte.

Rechts oben:
Der nach dem Arthur's Pass benannte National Park kann mit vielen schneebedeckten Gipfeln über 2000 Meter und rauschenden Wasserfällen, wie den Devil's Punchbowl Falls, aufwarten.

Rechts Mitte:
Die artenreiche Vegetation des Arthur's Pass National Park reicht von Regenwäldern im Westen bis zu hochalpiner Flora.

Rechts unten:
Einfach nur schön: die Purakaunui Falls, rauschende Wasserfallterrassen inmitten dieser urwaldähnlichen Vegetation der Catlins, einem Waldreservat zwischen Invercargill und Dunedin.

NEUSEELANDS GRÖSSTE EINWANDERUNGSGRUPPE –

SCHAFE

Oben:
Schaffarmer Mike King ist mit seinem roten Pick-up unterwegs, um nach den sich über endlose Kilometer hinziehenden Zäunen zu sehen.

Unten:
Noch bedeckt ein dichtes Wollkleid die Blöße, der sich die Schafe nach der Schur ergeben müssen. Aber immer noch besser, als gleich in den Schlachthof zu wandern.

Von allen Einwanderern stellen die Schafe zahlenmäßig die stärkste Gruppe. Die blökenden Wollträger, die Neuseeland säuberlich abnagen, waren für lange Zeit der verlässlichste Wirtschaftsfaktor des Landes. Auch heute noch erzielen Wolle und Kühlfleischexporte beträchtliche Außenhandelseinkünfte. Folgerichtig hängt am Schaf eine gewaltige Infrastruktur, die die zahlreichen und zum Teil weit abgelegenen Schaffarmen (rund 30 000 gibt es in ganz Neuseeland) mit den Schlachthöfen, der woll- und fleischverarbeitenden Industrie sowie den notwendigen Ausfuhrhäfen verbindet. Veterinäre, Auktionäre und Spediteure hängen in diesem Wirtschaftskreislauf rund ums Schaf ebenso wie Hubschrauberpiloten, Schäfer und Hunde.

Neuseeländische Hütehunde sind eine Wissenschaft für sich: Speziell abgerichtete „huntaway dogs" machen den Schafen Beine. So genannte „eye dogs" dirigieren Schafe mit Blicken. Herden von 10 000 und mehr Tieren zusammenzuhalten, wenn sie vor dem Winter von den Bergen in die Täler getrieben werden, ist eine Kunst, die nur im perfekten Zusammenspiel von Hund und Hüter ohne nennenswerte Verluste gelingt.

200 VLIESE AM TAG

Rund 35 Millionen Tiere bevölkern die grünen Hügel der Nordinsel sowie die Täler und das Hochland der Südinsel. Jedes liefert etwa siebzig

Kilogramm Wolle pro Jahr. Die Schafschur ist der härteste Job, den Neuseeland aufbieten kann: Das Vlies muss schnell ab, unversehrt und an einem Stück. Gute Scherer schaffen das im Akkord rund 200 Mal am Tag. In den Auktionshallen der Städte werden die Ballen dann zu je 150 Kilogramm Rohwolle meistbietend versteigert. Während sich in Napier auf der Südinsel das größte Wollzentrum der südlichen Hemisphäre befindet, konzentrieren sich die Schlachthäuser um die Stadt Invercargill. Pro Jahr werden zirka 20 Millionen Tiere geschlachtet, vorwiegend Lämmer.

Als die ersten Merinos 1834 von England nach Neuseeland gebracht wurden, entwickelte sich schnell eine Wollindustrie, die ihre Rohprodukte hauptsächlich in die Fabriken des Mutterlandes lieferte. Eine völlig neue Dimension erhielt die Schafzucht, als Ende des 19. Jahrhunderts die ersten Gefrierfleischtransporte durchgeführt wurden. Dass es 1882 gelang, gefrorenes Lammfleisch in einem Segelschiff in drei Monaten um

die Welt zu transportieren und als genießbares Produkt anzulanden, war damals sensationell. Flugs wurden mit den Romney-, Perendale- und Coopworth-Rassen Tiere gezüchtet, die schnell wachsende Lämmer hervorbrachten. Die Neuerungen durch Zucht und Technik waren für die Schaffarmer ein Glück: Während die Wollindustrie seit Erfindung der Synthetik beträchtliche Absatzprobleme hinnehmen musste, ist neuseeländisches Lammfleisch bis heute gefragt.

Trotzdem sind die Bestände der Wollträger während des letzten Jahrzehnts von über 70 Millionen auf 35 Millionen geschrumpft, zur Freude von Umweltschützern und Naturfreunden. Sie sehen die Chance zur Renaturierung abgeholzter Weidehügel, auf denen einst prachtvolle Wälder gediehen, besonders die Kauri-Stämme, von den Maori als „Götter des Waldes" verehrt. Während die meisten seiner Brüder längst zu Brettern, Kisten, Schiffsmasten und Häusern verarbeitet wurden, hat es der größte noch existierende Urwaldriese auf gigantische 51,51 Meter Höhe und ein Alter von 1200 Jahren gebracht. Restposten der stolzen Kauri-Riesen lassen sich im Waipoua Kauri Forest und in der Trounson Kauri Reserve auf der Nordinsel bestaunen.

Oben:
Auf Auktionen werden die Tiere meistbietend vermakelt. Knallhart geht es dort um die überlebenswichtigen Einnahmen eines Betriebes.

Mitte:
Die Romantik täuscht. Schafzucht ist ein knallhartes Unternehmen, bei dem die Wirtschaftlichkeit im Mittelpunkt steht.

Unten:
Einen der härtesten Jobs im Land haben die Scherer, die während der Schur im Akkord arbeiten.

Linke Seite:
Kulissen wie gemalt: die Spiegelung des Königs der Berge, des Mount Cook, 3754 Meter hoch, im Lake Tasman. Der gleichnamige Nationalpark beherbergt auf engem Raum 140 Zweitausender und fünf der größten Gletscher Neuseelands.

Unten:
Um nahe genug an „King Cook" heranzukommen, fliegt man am besten mit dem Hubschrauber auf das Dach der neuseeländischen Alpen. Hier bildet der Hooker River den Vordergrund für die Mount Cook-Silhouette.

Rechte Seite:
Der Fox Glacier wurde zu Ehren des neuseeländischen Premierministers Sir William Fox (1812–1893) benannt. Er ist zusammen mit dem Franz Josef Gletscher (so getauft nach dem österreichischen Kaiser) die Hauptattraktion des Westland National Parks.

Nichts geht über eine frostige Nachbarschaft: Mount Sefton, gleich neben Mount Cook, strotzt nur so vor dicken Eismassen, die seit undenklichen Zeiten auf ihm lasten.

Viel Stein, wenig Wasser: Der Fluss am Fox Gletscher im Westland National Park hat auf seinem Weg nach unten beträchtliche Mengen Geröll liegen lassen.

Oben:
Eine Swing Bridge auf dem Hooker Valley Trail, auf dem sich bergtourenerprobte Wanderer spektakuläre Einblicke in die wildromantischen Landschaften des Mount Cook National Park verschaffen können.

Rechts:
Der Anblick des Gletschergiganten Franz Josef bleibt ein nachhaltig wirkender Eindruck; die wahren Ausmaße der gewaltigen Eismassen sind allerdings erst aus der Luft durch einen Helikopterflug zu erfassen.

Oben:
Der Hooker Valley Hike begeistert Wanderer erst recht, wenn sich Mount Cook von seiner besten Seite zeigt. Als am 14. Dezember 1991 in einem einzigartigen Naturschauspiel ein Teil des Gipfels wegbrach, ging eine 14 Millionen Kubikmeter umfassende Eis- und Geröll-Lawine zu Tal. Das Ereignis verkleinerte den Gipfel Mount Cooks um einige Meter.

Links:
Der Waiho River lenkt sein frostiges Gletscherwasser an der Küstenortschaft Franz Josef vorbei und versenkt dann seine eiskalte Fracht in der Tasmanischen See.

Seal Island in der Nähe von Pahautane besticht nicht nur durch seine Bewohner, die Seehunde, sondern mindestens genauso durch seine prächtigen Felsformationen, die den brandungsreichen Wassern der Westküste trotzen.

Landschaftsbilder, die ihre Betrachter verzaubern: Strand-Idylle bei Bruce Bay an der Westküste der Südinsel.

Links:
Erinnerungsfoto vor dem Leuchtturm des Fischerdorfes Moeraki: Bob und Janie Jones. Ganz in der Nähe sind die berühmten Moeraki Boulders zu bewundern.

In den Karamea Stores findet man alles, was man zum Leben im Strandort Karamea, nördlich von Westport, braucht.

Der Goldrausch Ende des 19. Jahrhunderts hat zahlreiche Siedlungen entstehen lassen: Blackball, ein kleines Nest in den Bergen in der Nähe von Greymouth.

Abenteuerliche Vehikel in Neuseelands beeindruckender Natur: Kids on the Road – Dave Dean's Kiwi Adventure.

Linke Seite:
Wer von der Ostküste aus mit dem Auto zum Mount Cook fährt, windet sich auf dem Highway 8 nach Fairlie über den Burkes Pass (701 Meter) und erreicht dann das McKenzie Country, eine geschützte alpine Beckenlandschaft. Manchmal erscheint dort Lake Tekapo, gespeist aus Gletscherwasser, als türkisfarbener Traum. An seinem Ufer liegt die „Church of the good Shephard", die Kirche des guten Hirten.

Next Stop – nächster See: Lake Pukaki bietet auf dem Highway 8 kontrastreich leuchtend weiße Schneeberge der Southern Alps zum Blau seines Wassers.

Bei Omarama zieht der Highway 8 durch eine aride Steppenlandschaft, aber immer mit berauschenden Ausblicken auf bizarre Bergrücken und Schneegipfel (Benmore Peak, 1863 Meter, Snowy Top, 1722 Meter, Mount Melina, 1905 Meter).

Frappierende Farbkontraste: die Blue Pools im Mount Aspiring National Park. Neuseelands drittgrößter Nationalpark zieht sich um den 3033 Meter hohen Mount Aspiring herum, wobei außer dem Riesen auch noch andere beeindruckende Berge in den Himmel wachsen, wie beispielsweise Mount Alba (2355 Meter), Pollux (2542 Meter), Mount Alta (2347 Meter) oder der Black Peak (2283 Meter).

Rechte Seite:
Wenngleich der Mount Aspiring National Park ein anspruchsvolles Terrain für erprobte Bergsteiger ist, haben auch Wanderer ihre helle Freude – an einer szenisch unübertroffenen Landschaft, die von zahlreichen Fluss- und Bachläufen durchzogen wird, wie hier im Bild von Robinsons Creek.

Oben:
Einer der schönsten Wanderwege ist der Roaring Billy Forest Walk, der auf halber Strecke zwischen Westküste und Haast Pass durch dichte Regenwälder führt.

Oben:
Vom Grün des Regenwaldes fast schon wieder überwuchert: Lobbs Place, bei Whataroa an der West Coast.

Seite 138/139:
Einzigartige Impressionen bieten Lake Wanaka und die nähere Umgebung, besonders im Herbst, wenn sich an den Seeufern und den umliegenden Flussläufen Pappeln und Weiden einfärben und die Atmosphäre schon ein wenig vorwinterlich wird, hier der Diamond Lake Walk.

Oben:
Indian Summer in den Südalpen: Bevor die bunten Blätter fallen und der Winter schon bevorsteht, wird die Stimmung am Lake Wanaka erst richtig romantisch.

Rechts:
Fressplatz mit Ausblick: Schafe auf den Hochweiden rings um den 193 Quadratkilometer großen Wanaka-See.

Oben:
Von dem kleinen Ort Wanaka aus lässt sich der Mount Aspiring National Park über die Mount Aspiring Road bequem erreichen.

Links:
Wanaka-Ort und der gleichnamige See haben neben dem beliebten Nationalpark auch einiges in Eigenregie zu bieten, wie Kajakfahrten, Bootsausflüge und Wandertouren in der Umgebung. Besonders Angler kommen bei Forellen, Aalen und Lachsen auf ihre Kosten.

Blick auf die Stadt der Extremisten: Queenstown steht für die adrenalinintensiven Sportarten; Steilwände, Schluchten und Felsspalten finden sich in ausreichenden Mengen in den umliegenden Bergketten, und für wasserbedingtes Erschrecken muss Lake Wakatipu herhalten, der sich auf einer Länge von 84 Kilometern dazu anbietet.

Rechte Seite oben:
Straßenszene in Queenstown: Das lebendige Städtchen dient nicht nur den extremen sportlichen Anforderungen seiner Klienten, sondern liegt auch noch äußerst malerisch am nordöstlichen Bogen des Wakatipu Sees.

Rechte Seite unten:
Der altehrwürdige Dampfer TSS Earnslaw am Pier von Lake Wakatipu wird als Ausflugsboot heiß geliebt. Bereits seit 1912 zieht er gemächlich über den See und ist das unbestrittene Wahrzeichen der Stadt.

BOARDWALK
SEAFOOD RESTAURANT & BAR
bar • restaurant • cafe
Wharf
CASINO
DEUTZ
19

EARNSLAW
FIORDLAND TRAVEL

EXTREME DES SPORTS – „THE THRILLSEEKERS“

Oben:
Gegen die vielerlei Extremsportarten um Queenstown nimmt sich Paragliding am Muriwei Beach (an der Westküste bei Auckland) geradezu durchschnittlich aus.

Mitte:
ExtremeGreen-Rafter vor der Fahrt in Erwartung des Kommenden. Dabei sind die meisten Trips problemlos, jedenfalls wenn die Mannschaften im richtigen Moment auf die wichtigen Kommandos des Raft-Skippers hören.

Selbst ohne Action ist die neuseeländische Schönheit extrem. Kennern gilt sie als vielseitig und wandlungsfähig, was ihre Attraktivität noch steigert. Das reizt die Aktiven, die sich mit Schauen alleine nicht begnügen und denen bloßes Sightseeing Graus ist, weil es den „Kick“ nicht befördert. Jedenfalls nicht den ultimativen. Aber nicht nur die Angereisten, auch die Kiwis gelten als ziemlich sportverrückt. Wen wollte das wundern: Jede Menge Dreitausender und viel schäumendes Wildwasser, das in unzähligen Buchten zwischen endlosen Stränden ins Meer rauscht, bescheren ihnen den größten Sportplatz der Welt gleich vor der Haustür. „Outdoor Activities“ haben bei den Neuseeländern höchsten Stellenwert und sind zu einer Art Lebensphilosophie geworden.

Aber was bloß zuerst? Mit dem Surfboard auf den Wildwasserfluss? Paragliding oder lieber freischwebend am Seil gefährliche Klippen hinunter? Nervenkitzel ist beim Rap Jumping angesagt – dabei geht es am Gummiseil an einem Hochhaus oder an einer Steilwand abwärts. Queenstown, die einstige Goldgräberstadt, gilt als unbestrittene Hauptstadt des Abenteuer-Sports, der jährlich Millionenumsätze beschert. Als Metropole des Sports bringt es das Städtchen bei nur 3500 Einwohnern auf 1,5 Millionen Übernachtungen pro Jahr. Im Extremsportbereich hält sich alles Mögliche an Nervenreizen parat: rasante Jetboot-Fahrten in den „Big Rats“ beispielsweise. Die speziell entwickelten Boote saugen pro Sekunde 300 Liter Wasser an und pflügen mit einer Geschwindigkeit von 80 Stundenkilometern durch das Nass. Doch lieber River-Rafting durch spektakuläre Stromschnellen oder Kajakfahren auf reißenden Bergflüssen? Bungee? Rund dreißigtausend Wagemutige stürzen sich jedes Jahr an einem Gummiseil von der Kawarau Suspension Bridge. Wer es wirklich wissen will, für den ist „The Big Jump“ das Schärfste: ein Bungee-Sprung aus dem Helikopter in tausend Meter Höhe. Damit das zu Hause alle glauben, gibt es nach dieser Mega-Mutprobe ein Zertifikat.

SKIFAHREN UNTER AUSNAHMEBEDINGUNGEN

Wer hoch hinaus will, dem bieten Hubschrauber Heli-Skiing auf die umliegenden Bergspitzen an, und wem das immer noch nicht reicht, der könnte sich auf dem Fox Gletscher absetzen lassen und dann von dort aus zu Tal wedeln. Wer auf Ski oder per Snowboard durch den Tiefschnee der neuseeländischen Alpen pflügen oder die längste Abfahrt (Tasman Gletscher, zehn Kilometer) schaffen will, darf allerdings kein Anfänger mehr sein.

Abgesehen von den adrenalinintensiven Unternehmungen Bungee, Gleit- und Ballonfliegen, Abseiling durch tosende Wasserfälle und Fall-

schirmspringen, sind natürlich alle herkömmlichen Sportarten ebenso präsent. Fischen, Tauchen, Schnorcheln, Surfen und Segeln zu Wasser, für Landratten Reiten, Klettern, Bergsteigen und Wandern. Sogar Golfer kommen auf ihre Kosten: Das Einlochen der kleinen Bälle findet auf über 400 Golfplätzen statt und ist mittlerweile zur beliebtesten Sportart Neuseelands aufgerückt. Den Wanderern steht ein ausgeklügeltes Netz markierter Wanderwege zur Verfügung, das die landschaftlich schönsten Naturereignisse erschließt. Solche zum Teil mehrtägigen Strecken, „Tracks“ oder „Walks“, führen durch Regenwald, auf Hängebrücken über reißende Wildwasserflüsse, durch bizarre Bergketten und schroffe Küstengebiete. Sogar auf Radfahrer wartet das Outdoor-Paradies mit ungewöhnlichen Herausforderungen. Als ausgefallene Spezialität gilt Heli-Biking, wobei es per

Hubschrauber in unzugängliche Gebirgsteile geht, und von dort wühlen sich die Mountain-Biker anschließend in halsbrecherischen Fahrten wieder hinunter.

Links oben:
Es gehört zu den abgefahrensten Kicks der Bungee-Freaks, am dünnen Kautschukseil von der 43 Meter hohen Kawarau-Brücke in die Tiefe zu springen.

Rechts oben:
Pipeline Bungee nennt sich der 100-Meter-Sprung am Seil in den Skippers Canyon.

Links:
Der Jet-Boat-Ride auf einem der reißenden Flüsse rings um Queenstown (im Bild: der Shotover River) gehört für Speed-Besessene auf jeden Fall ins Programm.

Links Mitte:
Naturexperten werden auf Motorantrieb verzichten und lieber eine Fahrt im Schlauchboot buchen.

Rechts:
Langeweile lässt Queenstown, die neuseeländische Hauptstadt des Sports, keinesfalls aufkommen; wer tagsüber seinen Kragen mehrfach riskiert hat, lockert sich kurz vor dem Absacker in Queenstowns reichhaltiger Nachtszene beim Skateboarden.

Unten:
Geschafft! Im Lone Star Café & Bar kann das Nightlife beginnen – bis das Morgengrauen die nächste Runde in Queenstowns Abenteuer-Poker eröffnet.

Oben:
Im Grunde immer noch Goldgräberstadt: Queenstowns Flair transportiert bis heute eine Wild-West-Atmosphäre, wie die Straßenszene vor dem Lone Star Café zeigt; nur dass die satten Gewinne nicht mehr durch Goldnuggets verbucht werden, sondern im quirligen Dienstleistungssektor entstehen.

Links:
Möglicherweise ist Queenstown die „Welthauptstadt" des Extremsports: Am Tresen von McNeills Bar jedenfalls lässt sich schon jetzt ein Publikum, das aus allen Erdwinkeln anreist, frisches Fassbier ins Glas zapfen.

Oben:
Die Pisa Range, die sich mit ihrem höchsten Peak, Mount Pisa (1961 Meter) nördlich des Kawarau River ausbreitet, erinnert nicht nur namentlich an die Toskana: An den Ufern des Kawarau entfalten sich liebliche Rebgärten, deren qualitätsstarke Weine selbst eingefleischte neuseeländische Biertrinker zuweilen umstimmen.

Rechts:
Früher Goldnuggets, heute Steinobst: Fruit Stall in der Nähe des idyllischen Städtchens Cromwell am Clutha River, Neuseelands wasserreichstem Fluss.

Links:
Die Weinregion in Central Otago, deren Rebstockfelder sich entlang der Flussufer ziehen wie hier am Kawarau, ist die südlichste und höchstgelegene – mit 400 Metern über dem Meeresspiegel! Kalte Winter und heiße Sommer bringen trockene Weißweine und einen ausgezeichneten Pinot Noir hervor.

Unten:
Indian Summer: Auch in der Landschaft um Queenstown breitet sich bei laubreicher Vegetation der neuseeländische Herbst in voller Farbenpracht aus.

Seite 150/151:
Beeindruckend steht der Mitre Peak mit seinem 1772 Meter hohen Gipfel über den engen Fjorden des Milford Sound, der sich mit malerischen Buchten auf einer Länge von sechzehn Kilometern bis zur Tasmanischen See zieht.

Unten:
Um sich die Naturschönheiten des Milford Sound nicht nur oberflächlich zu erschließen, ist eine Bootstour durch die schroffen Fjorde unerlässlich; erst von der Wasserseite her entblättern sich Milfords „sacred secrets“ – die tiefen, stillen Geheimnisse des Fiordland National Park.

Unten:
Die Wassermassen aus den Wasserfällen sowie die hohen Niederschlagsmengen des regenreichen Gebietes (6000 Millimeter pro Jahr) machen den Milford Sound, eine Landeinbuchtung der Tasmanischen See, an den oberen Abschnitten zum Süßwasser.

Linke Seite:
Auf dem Weg von Queenstown über Te Anau zum Milford Sound liegen die Mirror Lakes, kleine, verwunschene Bergseen, in deren spiegelglatten Wasserflächen sich die umliegenden Bergspitzen spiegeln.

Oben, links und rechts:
An den felsigen Ufern des Milford Sound tummeln sich Pinguine und Robben, denen die verspielten Delfine häufig die Schau stehlen. Obwohl der Sound in den oberen Teilen eine meterdicke Süßwasserschicht aufweist, gedeiht schon in geringen Tiefen die Fauna der Tiefsee mit Kabeljau und Seebarschen.

REGISTER

Cape Reinga
Kaitaia
Kaikohe
Kawakawa
Waipoua-Kauri Park
Whangarei
Dargaville
Great Barrier Island
Wellsford
Hauraki Gulf
Helensville
Takapuna
Auckland
Papa-toetoe
Coromandel Peninsula
Pukekohe
Thames
Waihi
NORDINSEL
Bay of Plenty
Huntly
Hamilton
Tauranga
Raglan
Matamata
Cambridge
Whakatane
East Cape
Raukumara Range
Ruatoria
Rotorua
Kawerau
Te Kuiti
North Taranaki Bight
Taupo
Taumarunui
Gisborne
New Plymouth
Turangi
Kaimanawa Range
Wairoa
Mt. Egmont National Park
Tongariro National Park
Opunake
Waiouru
Hawke Bay
Mahia Peninsula
Hawera
Napier
Hastings
South Taranaki Bight
Wanganui
Tasman-See
Dannevirke
Palmerston North
Woodville
Cape Farewell
Golden Bay
D'Urville I.
Levin
Tararua Range
Paraparaumu
Abel Tasman National Park
Tasman Bay
Marlborough Sounds
Masterton
Motueka
Porirua
Greytown
Nelson
Lower Hutt
Wellington
Cook Strait
Blenheim
Westport
Spenser Mountains
Pancake Rocks
Kaikoura
Greymouth
Hokitika
Southern Alps
Arthur's Pass National Park
Kaiapoi
Pegasus Bay
Westland National Park
Christchurch
Mt. Cook National Park
Lyttelton
Banks Peninsula
Ashburton
Fairlie
Canterbury Bight
Timaru
L. Wanaka
Otematata
Harris Mountains
Dunstan Mountains
SÜDINSEL
Sutherland Falls
Queenstown
Oamaru
Eyre Mountains
L. Waka-tipu
Alexandra
L. Te Anau
Te Anau
Fjordland National Park
Garvie Mountains
Moeraki Boulders
Südpazifischer Ozean
Otago Peninsula
Dunedin
Gore
Balclutha
Invercargill
Bluff
Foveaux Strait
Stewart Island

IMPRESSUM

Buchgestaltung
Förster Illustration & Grafik, Würzburg

Karte
Fischer Kartografie, Aichach

Printed in Germany
Repro: Artilitho, Trento, Italien
Druck/Verarbeitung: Offizin Andersen Nexö, Leipzig

ISBN 3-8003-1619-6

Mount Egmont, Mount Taranaki oder Fudschijama auf neuseeländisch: Der erloschene Vulkankegel ist im Winter ein beliebtes Skigebiet; im Sommer präsentiert sich seine Umgebung als saftiges Farmland, das hauptsächlich „dairy products", Milchprodukte, auf seinen Weiden hervorbringt.